04
Logical
Discussion

Kimitoshi Hori

ロジカル・ディスカッション

[新版]

チーム思考の整理術

堀 公俊［著］　日本経済新聞出版

まえがき

　「議論を上手にまとめたい……」　そう思って本書を手に取った人が少なくないと思います。残念ながら、そう思っているうちはうまくいかないでしょう。そもそも、「まとめたい」と思っているから、まとめられないんです！

　たとえば、こんな経験はありませんか。「今日こそはスッキリと会議をまとめてやるぞ！」と気合い十分。そこで、前もってみんなの意見に探りを入れ、落ち着きそうな結論、いわゆる"落とし所"に当たりをつけて会議に臨みました。
　ところが、そこに向けて完璧に仕切ったつもりが、予想外の意見が3つも4つも出てきました。こうなると、頭の中は「この意見をどうやって落とし所に持っていこうか？」で一杯です。あせって落とし所に引っ張ろうとすればするほど、みんなは抵抗をします。
　結局、時間切れとなって落とし所に落ちず、後で個別に調整する羽目に。「まとめよう」と思うあまり、用意した結論にどう持っていくかしか考えられなくなってしまったからです。

　逆もあります。あまり仕切ると嫌がられるので、ある程度自由に語ってもらったところ、収拾がつかなくなってしまったケースです。
　論点からズレた思いつき発言が出てきて、何について話し合っていたのか分からなくなってしまう。前の意見を受けて発言するのかと思いきや、まったく関係のないことを、声の大きい人がまくしたてる。つかみどころのない発言が延々と続いて、何のことやらさっぱり分からない。そんな状況です。
　「時間がないので、そろそろ議論をまとめませんか？」といっても、結論をめぐってまた発散が始まります。まさに始末に負えません。

　こんな状態に私たちはどう対処したらよいでしょうか。本書のメッセージは「まとめようとするな、整えよ！」です。
　実は、熟練のファシリテーターでも、まとめるのが上手な人は、それほどま

とめを意識していません。彼／彼女が全身全霊を傾けているのは、議論の交通整理です。

　具体的には、論点をかみ合わせる、発言の意味を共有する、議論の筋道を整える、全体像を分かりやすく見せる、合意点を明らかにするなどがあります。それを丹念にやっているうちにおのずと結論が見えてきて、ファシリテーターが落とさなくても、まとまってくれるのを知っているからです。

　ファシリテーション（facilitation）の接頭辞であるfacilはラテン語でeasyを意味します。「やりやすくする」「容易にする」「円滑にする」「スムーズに運ばせる」というのが英語の原意です。つまり、ファシリテーターの役割は、「議論をまとめる」ことではなく、「議論がまとまるようにする」ことなのです。

　議論を整えるには何かよりどころが要ります。たとえば、警官が交差点の真ん中に立って交通整理できるのは、交通ルールが共有されているからです。議論でいえば、論理（ロジック）がそれに当たります。本書では、論理思考〜ロジカルシンキングの考え方を土台にして、「議論がまとまるように整える」ためのポイントを解説していきます。

　といっても、誤解しないでください。論理学を一から身につけようというのではありません。筆者の豊富な経験に基づき、議論を整理するために、アンテナを張っておくべきポイントを紹介しようと思います。

　まずはアンテナの感度を上げて、異常に気づけるようになってください。「あれ、テーマからズレている？」「根拠は何だろう？」「これでまとめの言葉になっているの？」「この枠組みで考えていいんだろうか？」といった具合に。

　その上で、「今何の話をされましたか？」「理由を教えてもらえませんか？」「その言葉で大丈夫ですか？」「他の枠組みで考えるとしたら？」などの質問を投げかけて、発言者を含め議論しているメンバーに整理を促すようにします。これが整理の基本的な考え方です。必ずしもファシリテーターが整理してみせる必要もないのです。

　この考えに立ち、本書では4つの点に工夫を凝らして執筆しました。

　1つめは、議論のステップに応じて、ファシリテーターが求められる役割を5つに集約したことです。具体的には、①要約する、②検証する、③整理する、

④統合する、⑤構造化する、です。さらにそれを、12の基本動作に展開して、アンテナを張っておくべきポイントを明らかにしました。特に、言葉だけが頼りとなるオンライン会議において重要となります。

2つめは、議論の整理を促すための、ファシリテーターの問いかけの具体的なフレーズを豊富に紹介しています。新版に改訂するに当たり、より一層の磨きをかけましたので、声に出して読んで、口癖になるくらい自分のものにしてください。

3つめは、トレーニング方法です。スポーツと同じように、練習と試合が両輪となって腕前は上がっていきます。仲間内で集まってワイワイと楽しくやれるトレーニングを考えてみましたので、これで腕を磨いてもらえればうれしいです。

4つめは、巻末のフレームワーク集です。新版では項目や内容を一から見直して、ビジネスに必要なフレームワークを一通り網羅しました。いつでも手元に置いておくと、心強い味方になってくれるはずです。

では、前置きはこれくらいにして、「整理上手」「まとまり上手」への第一歩を踏み出しましょう。

どこから読んでもらっても結構です。全部を読み切ってからでないと実践できないということはありません。1つでもピンとくるものがあれば、早速現場で使っていってください。

「あの人が来ると、議論がまとまるね」

「そうそう、自分たちが何を話し合っているかを見失わずに済むんだ」

「自分たちの頭の中が整理されるような気がするよ」

と言われる人を目指して、さあ、修業開始です！

2024年8月

堀　公俊

ロジカル・ディスカッション［新版］>>> **目次**

まえがき 003

序章

ロジカルに考える Logical thinking

1 なぜロジカル・ディスカッションなのか

会議を制すれば日本を制する 012
やましい沈黙が場を支配する 013
ロジカル・ディスカッションとは 014
オンライン会議でこそ威力を発揮する 014

2 「縦の論理」と「横の論理」を駆使する

思考の筋道とは何か 016
まずは論点を押さえよう 016
「縦」をつなげる 018
「横」をそろえる 018
枠組みを分かち合う 019

3 ファシリテーターの12基本動作とは

ファシリテーターの5つの役割 020
ファシリテーション・グラフィックを活用しよう 022

4 議論の流れをつくるところから始めよう

ゴールを定めて論点を設定する 024
議論の進め方にはパターンがある 025

第1章

要約する Summarizing

1 真意はどこにあるのか

議論がかみ合わない原因は…… 028
あいまいな言葉が誤解を生む 029

2 発言の意味を明らかにする

発言のポイントを場に返す 030
基本動作① 論点を明らかにする 032
基本動作② ポイントをまとめる 036
基本動作③ 分かりやすく言い換える 044

3 あなたの要約力はどこまで通用するか

理解度を確かめるエクササイズ 050
要約力を高めるトレーニング 054

4 現場で使える実践的な要約テクニック

要約が長くなったら危険信号 058
背景が分からないと意味が分からない 060
聴く力を高めて真意をつかむ 062
こんな問題児にどう対処する？ 065

第2章

検証する Verification

1 なぜそう言い切れるのか

不都合な真実を前にして 068
論理の解体作業を促進する 069

2 主張の筋道を正しく通す

主張と根拠のつながりを調べる 070

基本動作④ 筋道を明らかにする　073
基本動作⑤ 筋道の歪みを正す　080
基本動作⑥ 筋道の偏りを正す　092

3　あなたの検証力はどこまで通用するか

理解度を確かめるエクササイズ　096
検証力を高めるトレーニング　100

4　現場で使える実践的な検証テクニック

関係性に配慮して介入する　102
こんな詭弁にどう対処する？　106

第3章

整理する Classification

1　なぜ問題が解決しないのか

「飛びつき病」と「一律病」　112
「分け上手」は「まとめ上手」　113

2　議論の全体像を明らかにする

整理の基本は分けること　114
基本動作⑦ テーマを分解する　120
基本動作⑧ 意見を分類する　128

3　あなたの整理力はどこまで通用するか

理解度を確かめるエクササイズ　132
整理力を高めるトレーニング　136

4　現場で使える実践的な整理テクニック

うまく整理できないときの切り抜け方　140
どうやって1人3役をこなすか　142

第4章

統合する Integration

1 **納得感のあるまとめとは**

謎のアンダーライン　146

みんなの思いを言葉にする　147

2 **異なる意見を1つにまとめる**

最後の詰めをいい加減にしない　148

基本動作⑨　優先順位をつける　150

基本動作⑩　上位概念をつくる　154

3 **あなたの統合力はどこまで通用するか**

理解度を高めるエクササイズ　160

統合力を高めるトレーニング　164

4 **現場で使える実践的な統合テクニック**

まとめには考える時間が要る　168

どうやってもまとまらない……　170

第5章

構造化する Frame-working

1 **なぜ枠組みが大切なのか**

美味しいところを持っていかれた　174

共通の枠組みがつくれるか　175

2 **議論の土俵を定める**

フレームワークを使いこなそう　176

基本動作⑪　構図（パターン）を選ぶ　180

基本動作⑫　切り口（視点）を選ぶ　184

ビジネスフレームワークを活用する　186

3　あなたの構造化力はどこまで通用するか

理解度を高めるエクササイズ　194
構造化力を高めるトレーニング　198

4　現場で使える実践的な構造化テクニック

フレームワークの使い手になるには　200
正しく使わないと痛い目に遭う　202
フレームワークを使う作法がある　204

終章

議論を促進する Facilitation

1　どこまで通用するか、やってみよう

どう介入すればロジカルになるのか　208
この議論のどこに問題があるのか　210
ファシリテーションの実際　212

2　ロジックだけでは現場は動かない

現実の社会は限定合理性の世界　214
参加が納得を生み、納得が決意を生む　215
論理戦と心理戦を制する　216
ロジックが通じる人ばかりではない　216
チームの力を最大限に発揮させよう　217

**思考を加速する最強ツールボックス
フレームワーク集126**　219

ブックガイド　238

あとがき　240

索引　242

装幀・本文デザイン　竹内雄二
DTP　朝日メディアインターナショナル
手描き図版　竹下徳継

序章

ロジカルに考える
Logical thinking

序章 1

なぜロジカル・
ディスカッションなのか

▰会議を制すれば日本を制する

　「日本の会議の特徴は何ですか？」　もし外国の人からそう尋ねられたら、何と答えるでしょうか。私なら迷うことなくこう言います。「日本では、できる限り意見を戦わせないようにして、議論がないのがよい会議」だと。

　典型的な例が、歴史的な会議として有名な小山評定です。豊臣秀吉亡きあと実権を握った徳川家康は、上杉景勝を征伐に諸将を連れて会津へと向かいます。その途上、栃木県の小山まで来たところで、石田三成が家康討伐の兵を上方で挙げたとの報が入ります。

　急ぎ家康は軍議を開き、「このまま進軍をして上杉を討つか、大坂に戻って三成を討つか」を話し合うことにしました。家康に従う諸将のほとんどは、大坂に妻子を残してきた豊臣恩顧の武将で、彼らの去就が家康の命運を握っていたのです。

　加来耕三『歴史を動かした会議』(朝日新書)によると、家康は事前に周到に根回しをして、鍵となる諸将が味方につくよう画策をしました。会議では、秀吉子飼いの有力武将：福島正則が「家康に味方する」と口火を切り、同じく山内一豊が後に続きます。これで一気に流れができ、態度を決めかねていた諸将も雪崩を打って家康への協力を表明していきます。

　そこでは、三成を討つ道理はもとより、メリット／デメリット、チャンス／リスク、折衷案／代替案などが話し合われることは一切ありませんでした。場の空気で「打倒三成」が決したのです。

012

ちなみに社会心理学者の岡本浩一は、日本の会議には大きく2つの特徴があると指摘しています。1つは、多数派の意見になびく「同調傾向」です。自分の意見もさることながら、みんながどう思っているかで態度を決めるのです。

　もう1つは、何が正しいかではなく、誰が言ったかに左右される「属人傾向」です。つまり、発言者の社会的な地位や経歴などで、発言の妥当性が判断される傾向があるのです。

　家康はこのことを経験的に知っていたのか、議論が巻き起こる前に流れをつくってしまい、見事に会議を制したわけです。そのお陰で関ケ原の戦いを制して、日本を手中に収めたことは皆さんがご存じの通りです。

やましい沈黙が場を支配する

　小山評定に限らず、私たちの会議はともすればこうなりがちです。

　そもそも日本人は、どちらかといえば、論理的に考えることが苦手で、情緒的なものに流されやすい民族です。人と意見の切り分けが得意でなく、議論を戦わせて波風を立てると、関係性にヒビが入る恐れがあり、長い目で見て得になりません。その結果、話し合いの場では、論理よりも空気を読んでそれに乗っていくことが求められます。

　そこをあえて論理的に話し合おうとしても、「これは理屈じゃないんだ」「空気を読め」「もっと大人にならないと」と言われてしまいます。周囲からの強い同調圧力に負けて、論理的におかしくても「間違っている」と言えなくなります。

　ましてや、目上の人や発言力がある人にはとても反論ができません。心の中でやましさを感じながらも何も言わない（言えない）というのが、よくある会議の情景ではないでしょうか。

　しかしこれでは、衆知を集めることができず、判断を見誤る恐れがあります。誤った方向に向かって全力で走る羽目になりかねず、これほど愚かなことはありません。ひいては、熾烈を極めるビジネスを勝ち抜いていくことは、難しいと言わざるをえません。ロジカル・ディスカッションを学ぶ意味は、まさにここにあります。

013

ロジカル・ディスカッションとは

　話し合いを表す言葉に、「会話」「対話」「討議」「議論」など、さまざまなものがあります。この中で議論とは、互いの意見を述べ合い、どちらがより妥当かを考えていくものです。話し合いを通じて、一緒により良いアイデアを生み出して、双方が納得のいく結論を導き出すのが議論です。英語ではディスカッションといいます。

　では、何をよりどころにして結論をまとめればよいのでしょうか。KKD（勘、経験、度胸）を持ち出しても、同じ土俵での議論にならず、話がまとまりません。声の大きい人や口数の多い人の意見が通ったというのでは、通らなかったほうは納得できません。数の力を借りて、多数派が少数派を押し切ったというのも、その場では決着がついても、後でしこりが残ります。

　大切なのは、どの考え方の筋が通っているかという、筋道の正しさ（合理性）ではないでしょうか。この筋道のことを論理（ロジック）と呼びます。いわゆる思考の道筋です。そして、互いの論理と論理をぶつけ合い、もっとも筋道の通った答えを選び取る。あるいは、みんなで筋道の通った答えをつくり上げていく。これが本書でいうロジカル・ディスカッションです。テーマに沿って筋道立てて考えて論じ合っていこうというのです。

オンライン会議でこそ威力を発揮する

　ロジカル・ディスカッションには、3つのメリットがあります。

　1つめは、論理的に議論をすることで、複雑な事象を扱えることです。環境変化が激しい今の時代、いろいろな要因や利害関係者が1つの問題にからみ合っています。問題を分析して、1つひとつ筋目を紐解いていかなければ、困難な問題に立ち向かうことができません。

　その際に大切なのは、物事の本質を捉えることです。核心を突いた答えでないと、また問題が再燃してしまい、せっかくの議論が水の泡になるからです。そのためには、粘り強い分析を通じて根源的な原因を探り出したり、問題解決

の急所を見つけ出したりしなければなりません。これがロジカル・ディスカッションの2つめのメリットです。

そして3つめに、**説得力のあるコミュニケーションができる**ことです。後で述べるように、物事の筋道の立て方は、万国共通の普遍的なものです。論理は、言葉や文化の違いを超えて、誰もが分かり合える共通言語です。論理を軸にして話し合えば、説得力のある議論が展開でき、結論に対する納得感が自ずと高まっていきます。

これらの特長を持ったロジカル・ディスカッションは、対面（リアル）会議はもちろんのこと、オンライン会議でこそ威力を発揮します。

オンライン会議では、たとえ顔出しをしたとしても、アイコンタクトや表情といった視覚的なコミュニケーションが十分に使えません。空気を読んだりムードを感じたりといった体感的なコミュニケーションも苦手です。ただ1つ対面会議と遜色なく使えるのが聴覚を使ったやり取り、すなわち言葉を介したコミュニケーションです。

日本人が得意な以心伝心は使えず、自分の考えを言葉でキッチリと説明し、相手の言葉から考えの筋道を理解しなければなりません。これはまさにロジカル・ディスカッションであり、ギリシャ語のロゴスがそうであるように、言葉と論理は一体のものです。オンライン会議がうまくいかなかったり、苦手だったりする方こそロジカル・ディスカッションを学んでほしいと思います。

図 0-1 ｜ ロジカルな議論とロジカルでない議論

序章 | 2

「縦の論理」と「横の論理」を駆使する

思考の筋道とは何か

　はじめに、論理についての基本的な考え方をおさらいしておきましょう。

　先ほど論理とは筋道であるという話をしました。道には、出発点、経路、到着点があります。この３つをつなげたものを**論理**と呼んでいます。

　最初の出発点のことを、本書では論点と呼びます。いわば、物事を考えたり、話し合ったりする対象、すなわちテーマです。ロジカル・シンキングの世界では**イシュー**と呼ぶことがあります。

　それに対して、筋道立てて物事を考え（**推論**と呼びます）、最終的に導き出した**主張**や**結論**が到着点です。これも、ロジカル・シンキングの世界では**メッセージ**と呼ぶことがあります。

　そして、両者の間をつなぐ経路が**根拠**です。理由、判断基準、前提、事実などです。根拠の確からしさが、そのまま筋道の確からしさになります。

　つまり、論点（イシュー）と結論（メッセージ）の間が、適切な根拠でつながれていれば、**合理的**なのです。

まずは論点を押さえよう

　論理的に考える上で最初に押さえないといけないのが、出発点にあたる論点です。現実に起こった事象や把握した事実に対して、どのように論点を設定す

るかで、導き出す結論がまるで違ってくるからです。

　たとえば、「売上が20%ダウンした」というのは、単なる事実であって、論点ではありません。それを、「どうやって20%アップさせるか？」とすると、何を議論すればよいかが明確になります。事実に対して論点が設定できたわけです。しかも、「どうやって20%アップさせるか？」とするのか、「どうやって20%ダウンに留めるのか？」で考える中身も結論もまるで違ってきます。

　つまり、**事実に対して論点を適切に設定する**ことが、ロジカル・ディスカッションの土台となります。いくら論理的に話し合っていても、ピントはずれの論点を設定していたり、論点がズレていたのでは、議論する意味がありません。

　そうならないよう、先ほどの例のように**問い**（主語＋述語＋疑問詞）の形で表現すると論点が分かりやすくなります。そのことから、論点を設定することを、**問いを立てる**とも呼びます。

　しかも、1つの問題に対して、1つの論点で片づくとは限りません。複数の論点を順番に話し合うことで、大きなテーマに取り組んでいくのが一般的です。

図0-2 │ 論理の基本構造

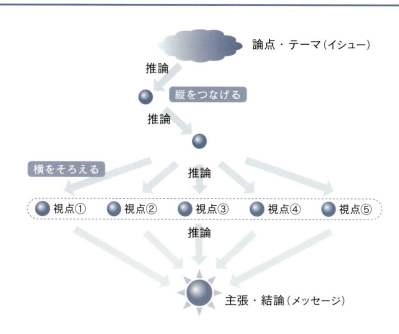

先ほどの話で言えば、「なぜ売上が20％下がったのか？」「回復させるにはどんな手があるのか？」「もっとも効果的な策はどれか？」といったように。

　論点の並べ方には一定のパターンがあり、それを覚えるのが近道です。後で詳しく述べますので、ここでは、論点を適切に設定することが、論理的に話し合う上での大前提になることだけを強調しておきます。

▰「縦」をつなげる

　論点が適切に設定できたら、そこから１ステップずつ順序立てて物事を考えていきます。

　たとえば、「風が吹けば誰が儲かるか？」と論点を設定して、「風が吹けば埃が立つ」「埃が目に入って失明する人が増える」と考えていき、最終的に「桶屋が儲かる」と結論づけるわけです（これは論理的に怪しいのですが、その話は第２章で）。こういったつながりをロジカル・シンキングでは縦の論理と呼びます。「縦をつなげる」といった表現をしたりします。

　逆に言えば、適切に縦の論理がつながっていない、すなわち筋道が途中で切れていたり、誤ったつながり方をしているのが、いわゆる論理の飛躍です。主張に対して適切な根拠になっていない、原因と結果が正しくつながっていない、目的と手段がズレている……などです。

　そうならないよう、論理学や統計学の世界では「こういうときはこれが成り立つ」といった、かなり厳密な法則性（ルール）が知られています。ただ、そういったルールは、論理学を学ばないと用をなさないというものでもなく、ある程度は経験の中で身についていると思います。常識的に考えれば分かる話がほとんどで、それほど難しく考える必要はありません。主張と根拠、原因と結果、目的と手段のつながりを意識すればよいのです。

▰「横」をそろえる

　「風が吹けば誰が儲かるか？」という論点に対して、「風力発電所の風車がよく

018

回るから、電力会社が儲かる」と結論づけることも可能です。あるいは、「屋外の洗濯物が風に飛ばされるので、衣料品店が儲かる」とも言えます。1つの論点に対して何本かの筋道が立てられ、その中でもっとも適切なものを選ばないと、結論の信憑性が怪しくなります。

あるいは、油断していると論理のヌケモレもよく起こります。たとえば、上司に素晴らしい提案をもっていったところ、「確かに、わが社やお客さんには最適な提案だが、これで本当にライバルに勝てるのか？」と問われて答えに窮する、といった具合です。こういった論理の展開をロジカル・シンキングでは**横の論理**と呼びます。「横をそろえる」といった表現をしたりします。

我々はどうしても1つの視点で物事を考えがちです。1つの良さそうな筋道が見つかると、それを正当化する理屈をつけて満足してしまいます。そうならないよう、幅広い**視点**で筋道を考え、妥当性の高い結論を導き出さないといけません。言い換えれば、そのためにみんなで議論しているわけです。

また、横をそろえるためには、論点にふさわしい考え方の切り口をたくさん持っておくことが重要です。そのためには、大まかに全体像がカバーでき、大きくヌケモレがない切り口のセットが役に立ちます。それを**フレームワーク**と呼びます。うまく使いこなせば横の論理がそろいやすくなります。

▃枠組みを分かち合う

縦をつなげて、横をそろえれば、論理は組み上がります。よくある形としては、図0-2にあるようなピラミッド構造になります。ここまでいけば、論理が通ったことになります。

もう1つ大切なのは、こういった**構造（枠組み）を議論する全員で共有する**ことです。共通のフレームワークを持つわけです。

そうしないと、互いの枠組みの違いに気がつかず、誤解が生まれたり、堂々巡りに陥ってしまったりするからです。1人で考えているときはまだしも、みんなで議論するときは、どんな枠組みで考えるのか、その設定と共有はことのほか重要となります。いわば思考の土俵をつくるのです。

019

序章 3

ファシリテーターの 12基本動作とは

ファシリテーターの5つの役割

　ロジカル・シンキングは物事を深く洞察し、よりよい問題解決をするためのベースであり、誰もが身につけるべきものです。

　ところが、世の中には論理思考の得意な人と不得意な人がおり、みんながロジカルに考えられるわけではありません。そうすると、ロジカルな人とそうでない人の話がかみ合わなかったり、ロジカルな人が一方的に論理で押し切ったり、ということが起こります。

　そこで登場するのが、話し合いを促進するファシリテーターです。ロジカルな人もそうでない人も同じ土俵で議論できるよう、橋渡しをします。そのほうが、参加者全員が論理思考を身につけるよりも、はるかに効率的です。

　ファシリテーターの役割は、＜個人への働きかけ－集団への働きかけ＞という対象軸と、＜統合する－分析する＞という機能軸の、2軸で考えると分かりやすくなります。そうすると、話し合いの進展に沿って**5つの役割**と**12の基本動作**が必要となってきます。

1）要約する

　人は必ずしも論理的にしゃべらないので、その人が何を言いたいのか、各々の発言を論理的に整えるところから始まります。あいまいな発言の主旨を短い言葉で要約したり、真意を分かりやすく言い換えてあげることです。そうすることで、全員が同じ解釈で個々の発言を扱うことができます。

- 基本動作① 論点を明らかにする
- 基本動作② ポイントをまとめる
- 基本動作③ 分かりやすく言い換える

2）検証する

発言の主旨がおおよそ分かったら、その筋道が妥当なものか、論理的にチェックをしていきます。論点のズレ、主張と根拠のつながり、視点のヌケモレなどを、縦横の論理を駆使して調べていきます。妥当でない筋道は、その場で本人に修正をしてもらいます。いわばツッコミの技です。

- 基本動作④ 筋道を明らかにする
- 基本動作⑤ 筋道の歪みを正す
- 基本動作⑥ 筋道の偏りを正す

図0-3 | ファシリテーターの5つの役割

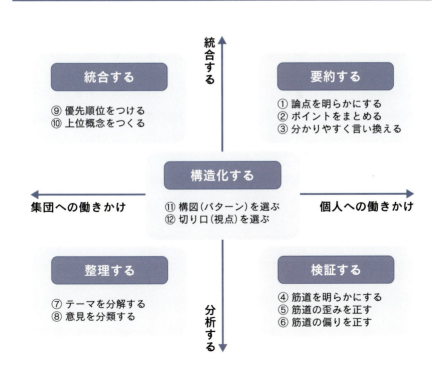

３）整理する

　１人ひとりの意見の論理があらかた整えられたら、今度はみんなの意見を整理して全体像をつかみます。いったんは整理をしないと、扱いきれなくなるからです。具体的には、意見をグループ化したり、要素に分解したり、「分ける」ことに他なりません。

　基本動作⑦　テーマを分解する
　基本動作⑧　意見を分類する

４）統合する

　整理を終えて全体像が分かったら、最後はそれを結論へと統合していきます。いわゆるまとめにあたります。たくさん出た意見の中から重要なものを選びとったり、１つにまとめ上げたりです。ある意味ここが一番難しく、ファシリテーターの腕の見せ所です。

　基本動作⑨　優先順位をつける
　基本動作⑩　上位概念をつくる

５）構造化する

　これらの作業をやりやすくするためには、思考の枠組みを提示することが大切です。枠組みがそろわないと同じ土俵で議論できないからです。そこで登場するのが、議論の地図となるフレームワークです。うまく思考の土俵が共有できれば、さらに議論のロジカル度は高まります。

　基本動作⑪　構図（パターン）を選ぶ
　基本動作⑫　切り口（視点）を選ぶ

ファシリテーション・グラフィックを活用しよう

　これらの５つの機能に加えて、ロジカル・ディスカッションを促進する上で、欠かせない道具が１つあります。それは、議論の内容を文字や図形を使って分かりやすく表現する**ファシリテーション・グラフィック**です。

　討議しているメンバーの頭の中は、お互いにも、ファシリテーターからも見

えません。見えないものはコントロールできないというのが、**見える化**の基本的な考え方です。見えない中でファシリテーターが筋道を通そうとしても、限界があるのです。

ところが、ホワイトボード（オンラインではビジネスソフト）などに、議論の道筋や枠組みを「見える化」すれば、議論のロジカル度は飛躍的に高まります。あいまいな意見も要約して記録すれば、意味の共有化が図れ、検証しやすくなります。議論を視覚的に整理して、その枠組みが共有できれば、議論の舵取りもまとめもしやすくなります。**言葉だけが飛び交う空中戦を、視覚的に共有できる地上戦に変える**ことが、リアル（対面）会議／オンライン会議問わず、ロジカル・ディスカッションを進める上で欠かせないのです。

ファシリテーション・グラフィックの技法を知りたい方は、本書の姉妹編『ファシリテーション・グラフィック』を参照してください。スペースの関係で本書では紹介ができませんが、議論を描きながらさまざまな働きかけをしていることを頭の片隅に置いておいてください。ロジカル・ディスカッションとファシリテーション・グラフィックは切っても切り離せないものなのです。

図 0-4 | ファシリテーション・グラフィックの例

023

序章 4

議論の流れをつくる
ところから始めよう

ゴールを定めて論点を設定する

では早速、ロジカル・ディスカッションの進め方を……と言いたいところですが、その前にやらないといけない大切なことがあります。会議の設計です。いきなりロジカルに話し合えと言われても、何について話し合うのか、お題が分からなかったら、話し合いようがありません。

まずは、本日の**ゴールの設定**をしてください。今日の会議で何を成果とするのか、目標とする到達点（レベル）を決めるのです。何をどこまで決めるのか、決めないなら何を目指すのか、方向性が合えばよいのか、問題意識のすり合わせができればよいのか、単に意見交換ができればよいのか……今日ここで、みんなが目指していくものを決めます。これがゴール設定です。

もう1つは、ゴールに向けて、どんな手順で話し合っていくのか、議論のテーマ、すなわち**論点の設定**です。たとえば、「管理間接費用を30%削減する」ことについて話し合うなら、こんな進め方ができます。

＜ゴール＞　管理間接費用を30%削減するための重点施策を定める
①問題を共有する：なぜ30%ダウンが求められているのか？
②原因を分析する：なぜ管理間接費がこんなに多いのか？
③アイデアを出す：我々にどんな手が打てるのか？
④行動を決定する：重点的に取り組むべき施策はどれか？

これを会議では**アジェンダ(議題)**づくりと呼びます。論点の流れを事前に考えておくことが、ロジカル・ディスカッションの出発点となります。

議論の進め方にはパターンがある

先ほど述べたのは、いわば「問題解決型」の話し合いです。同じゴールでも別の進め方ができます。たとえば、次のような論点の流れです。

＜ゴール＞　管理間接費用を30％削減するための重点施策を定める
①情報を集める　　：過去にどんな取り組みをしてきたか？
②アイデアを出す：さらにどんな取り組みができそうか？
③案を絞り込む　　：みんなが取り組みたい案はどれか？
④実行計画にする：誰がいつまでに何をすればよいのか？

このほうが、原因の探索をしないので、責任の押し付け合いがなくなります。その代わり、根本的な解決策にならないかもしれません。

このように、1つのテーマに対して、いろいろな進め方ができます。ファシリテーターは、進め方のパターンをいくつか覚えておいて、その中からテーマとメンバーに応じてアジェンダを設定します。それを論点、すなわち問いの形にしてメンバーに提示するわけです。

進め方のパターンについては、姉妹編『ワークショップ・デザイン』で詳しく述べました。そこで紹介したパターンを図0-5にまとめておきます。会議の流れをデザインする際の参考にしてください。

ただし、これらはあくまでも予定であって、必ずしもこの通りに会議が進むとは限りません。会議の冒頭で、「こんな進め方では議論できない！」とメンバーの総スカンをくらって、進め方をつくり直すハメになることもあります。議論しているうちに新たな論点が見つかることも少なくありません。

筋書きを事前に書いておくことは大切ですが、あまりに筋書き通りでは、いわゆるアリバイづくりになりかねません。筋書きを手放して、"筋書きにない"会議をしてください。それには、臨機応変な論点の設定が欠かせないのです。

025

図 0-5 │ 論点の並べ方の例

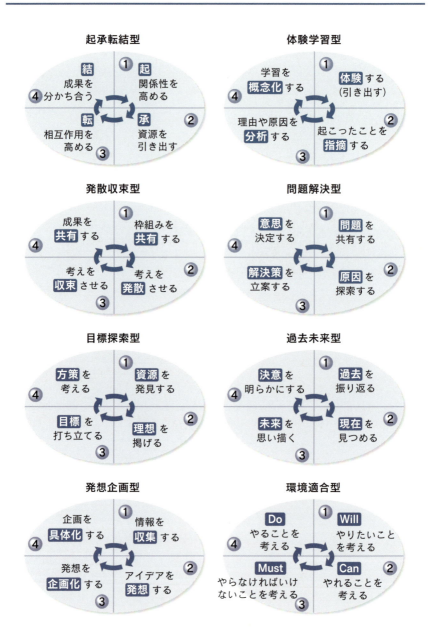

第1章

要約する
Summarizing

1

基本動作① 論点を明らかにする

基本動作② ポイントをまとめる

基本動作③ 分かりやすく言い換える

要約 | 1

真意はどこにあるのか

■ 議論がかみ合わない原因は……

　筆者が企業合併のファシリテーターを務めた時の話です。東京の老舗メーカーA社と大阪に本社がある新興のB社が対等合併することになりました。両社が合併をすることは既に合意をしており、次のステップとして、双方の経営企画のメンバーが集まって、新会社の事業計画を立案することになりました。

　ところが、5年後の事業目標を設定しようとするものの、両者の意見がなかなか一致しません。半日費やして話し合うも合意に至らず、いったん持ち帰って、日を改めて話し合うことになりました。

　2回目の会合では、部門別に目標を積み上げてみたのですが、ことごとく意見が合いません。それどころか、議論を重ねても話がうまくかみ合わず、このままでは今日も物別れに終わってしまいます。

　あせった私は、苦し紛れに両者に質問をしてみました。「目標という言葉をどういう意味で使っていますか?」と。

　すると、A社にとって目標とは、必ず100%達成しなければいけないコミットメントを意味していることが分かりました。いわゆる必達目標です。

　それに対してイノベーティブな社風のB社では、目標とはそこに向けて勇猛果敢に挑戦していく、狙いどころを意味していたのです。いわゆるチャレンジ目標です。

　同じ"目標"という言葉を使いつつも、企業文化の違いにより、違った意味で使っていたのです。これでは話がかみ合わないのは当然です。もっと早く気づ

028

くべきでした。

遅きに失しましたが、これから目標を語るときは「必達目標」「チャレンジ目標」と言葉を使い分けることにして、それぞれのイメージもすり合わせました。すると、スルスルと両者の話がかみ合うようになり、無事に5年後の事業目標を合意することができたのです。1つの言葉の意味の違いを通じて、両社の企業文化の違いをすり合わせることができ、それは後々の話し合いにも大いに役に立ちました。

実は、両社特有の社内用語については、事前に調べて単語帳をつくり、交換してありました。ところが、"目標"のような一般用語については、まさかこんな行き違いが生まれるとは思わず、まったくケアしていませんでした。後から思えば、こういった一般用語こそが行き違いを生みやすく、それに気づいておればムダな話し合いをせずに済んだのでした。

あいまいな言葉が誤解を生む

仲間同士で議論をしていても、こういう行き違いは常につきまといます。

たとえば、話し手の言葉遣いがあいまいだと、聞き手の都合のよいように解釈をされてしまいます。あいまいでなくても、聞き手が「次に何を言ってやろうか」にばかり頭がいっていると、相手の発言に集中できず、発言の真意を取りそこなう恐れがあります。

加えて、このケースのように、話し手と聞き手の**枠組み**や前提の違いも行き違いの元になります。

互いに自分の枠組みで言葉を解釈しますので、少なからずそこに誤解が生まれます。しかも、その誤解を解こうと、言葉を重ねれば重ねるほど、溝が深まるということも、日常よく起こる話です。

そうならないよう、誤解が生まれそうなときは、ファシリテーターが共通認識をつくる必要があります。「今の発言はこの場では……と解釈しましょう」と。それが本章で扱う要約に他なりません。

要約 | 2

発言の意味を明らかにする

▰発言のポイントを場に返す

何が言いたいのか分からない

　ロジカル・ディスカッションをするには、「この人は何が言いたいのか」「発言の真意は何か」について共通認識をつくるのが出発点です。ところが、残念ながら、多くの人は「何が言いたいのか」が明確に分かるしゃべり方をしてくれません。

・発言が長く、余計な情報が多くて、どこがポイントなのか分からない
・今話し合っている論点とどこが関係あるのか分からない
・フワフワとつかみどころがなく、具体的に何を指すのか分からない
・結局のところ賛成なのか反対なのか分からない
・遠まわしに言うので、真意が見えない

　という状況がほとんどといってよいでしょう。だからこそ「話し方」を説いた書籍が巷にあふれているわけです。

　ファシリテーターとしては、このように明確にしゃべらない人がいることを前提として、**どうしたらお互いの真意をもっと正確に理解し合うようにサポートできるか**、を考えなくてはなりません。

　それに必要なのが**要約**です。あいまいな発言の主旨を短い言葉に切りつめて、

ポイントや真意がはっきりするように言い換えるのです。分かりにくい発言が出てきたときには、その発言を受け取って、「……ということですね？」と要約して話し合いの場に返し、発言の真意を確認しつつ、他の人の理解も促進します。まずはここから始めましょう。

要約のための3つの基本動作

では、この要約のためにファシリテーターは何ができるでしょうか。

（1）論点を明らかにする……基本動作①

論点、つまり「何についてしゃべっているのか」、発言のテーマを確認します。いわば、発言の出発点を確認するのです。論点がズレているのに、発言を要約しても意味がないからです。（M：メンバー、F：ファシリテーター）

M　やりたいのはやまやまなんですが、なにぶん時間がなくて……。
F　それは、今回の変革プロジェクトへの参加の話ですか？

（2）ポイントをまとめる……基本動作②

今話し合っている論点に沿った形で、発言のポイントを明確にすることです。発言の中から、論点に沿った重要部分を取り出したり、論点に沿った形で確認したりします。ここで重要なフレーズは「要するに」です。

M　やりたいのはやまやまなんですが、なにぶん時間がなくて……。
F　要するに、やりたくないとおっしゃっているのですか？

（3）分かりやすく言い換える……基本動作③

あいまいな言葉が出てきたら、それを具体化したり、定義づけたり、他の言葉で言い換えたりして、その言葉に対する皆のイメージをそろえます。先ほどの「要するに」に対し、今度は「たとえば」「具体的には」を使います。

M　やりたいのはやまやまなんですが、なにぶん時間がなくて……。
F　たとえば、どれくらい時間が逼迫しているのですか？

▄▄▄▄ 基本動作① 論点を明らかにする

技法1　論点を確認する

　話し合いで多いのは、そもそも論点がズレていて、話がかみ合っていない状態です。政治家の討論やTVのディベート番組なんかが、その典型です。論点が目まぐるしく変わり、議論になっていないのです。

　話の流れから見て「おや？」「これはいったい何のこと？」という発言が出たら、まずは論点を訊いてみましょう。

> **M**　やりたいのはやまやまなんですが、なにぶん時間がなくて……。
> **F**　今、何について、おっしゃっているのですか？

　あるいは、論点を取り違って発言しているように思える人がいたら、論点を確認してみましょう。

> **M**　やりたいのはやまやまなんですが、なにぶん時間がなくて……。
> **F**　今、変革プロジェクトの参加メンバーの話をしていますが、それについての発言ですよね？

　論点を確認するだけで、意味不明な発言のかなりの部分が解消されます。人は自分が聞きたいことを聞き、話したいことを話す動物です。論点が設定されていても、頭の中で都合のよいように論点を組み替えがちになります。そうならないよう、「あれ？」と思ったら、まずは論点を確かめるようにしてください。

　特にオンライン会議では論点がズレやすいので要注意です。場を共有していないので、誰の何の話に対して意見を述べているか、分かりづらいからです。

> **M**　やりたいのはやまやまなんですが、なにぶん時間がなくて……
> **F**　途中ですみません。今、どなたの発言に対して述べていますか？

032

技法2　論点を修正する

　それができたら、次は論点に引き戻すことが必要です。**議論は必ず1つの論点に対して行う**、というのが会議の鉄則です。論点からズレた発言を放置していると、いつの間にかとんでもないところにいってしまいます。

　たとえば、「……という施策を実施すべきか否か？」という論点でディスカッションしているときに、「私としては、○○や△△という対策を打っております」という発言が出ることがあります。施策実施に賛成か反対かを述べなくてはならないのに、逃げてしまっています。やっていることを長々とアピールして。

　こういう場合には、ファシリテーターは、次のような働きかけをします。

1）論点を再確認する

　論点をあらためて示して、再確認してもらいましょう。

> M　……という話になっていますが、私としては、○○や△△という対策を打っており、かなりの効果を上げてきています。
> F　あの……、今のテーマは「施策を実施すべきか否か？」でしたよね？

　皆の意見がバラバラで、論点からズレたものばかりが出てくるときは、ファシリテーターに原因があるかもしれません。たとえば、ファシリテーターが「……の施策についていかがですか？」と問いかけたとしましょう。すると、話し手は、施策に関することであれば何でも出せばよいと考えてしまい、種々雑多な意見が出てくるのも当然です。

　皆が焦点を絞った意見を出しやすいように、絞った論点を示しましょう。そのためには、「施策を実施すべきか否か？」「施策を浸透するにはどうするか？」といったように、**論点を問いの形で提示する**ことが大切です。そして、その論

図 1-1 ｜ 論点を問いの形で提示する

点は、**必ずどこかに書いて全員に見せる**ようにしましょう。論点を書き、それを指し示しながら論点を再確認していきます。

 F 今、話し合っているのは、このことですよね？
 F この観点から、どういうことが言えますか？

図1-2 | 論点を指し示す

２）論点に合わせるよう本人に促す
 論点を再確認してもらったら、「だから？」「なので？」と問いかけ、論点に照らしたらどのような結論になるのか発言してもらうよう促します。

 F ということは、今日の……というテーマに照らすなら？
 F なので、どういう結論になりますかね？
 F だから、どうしたらよいというご意見ですか？

３）論点に合わせて、こちらから確認
 ときには、こちらから「だから何？」の部分を推測し、引き戻すことも必要となります。

F　なので、テーマに照らすなら、……だとおっしゃりたいのでしょうか？

F　つまり、すでに対策を打っているので、この施策は実施しなくてよいということですか？

　ときには、発言と論点のつながりを無理にでも探し出し、それをファシリテーターが確認することで、発言を論点に引き戻すようにします。

F　つまり、この方法には賛成できないということですね？

F　要するに、この施策をやっても、効果は期待できない、と？

発言に割って入る勇気を持とう

　論点からズレた発言を、必ずしもすべて排除する必要はありません。話を続けているうちに論点に戻ることもありますし、感情を処理するためにズレた意見を述べることもあるからです。

　ですので、一度くらいはズレを見逃して最後まで聞くのもかまわないですが、何度も続くようでは困りものです。常習犯には、早い段階でズレを指摘するようにしましょう。

M　ちょっといいですか。そもそも、私としては、〇〇や△△という対策を打っており、かなりの効果を上げて……。

F　ちょっと待ってください。今のテーマは、施策を実施すべきか否か、ですよね。その話がいずれ出てくるのでしたら、続けてもらって結構ですが。

　途中まで話が進んでしまうと止められなくなるので、「あれ？」と思った段階で出鼻をくじくのがコツです。息継ぎする瞬間を狙って、大きな声で（ときには身振りをつけて）割って入るのです。目上の人にやるには勇気が要りますが、論点をキープするというのはファシリテーターの大切な役目であり、物怖じする必要はありません。あくまでやるのは「論点の確認」であり、発言を引っ込めさせようというのではありませんから。

基本動作② ポイントをまとめる

技法1　そのまま返す

　相手の発言が短くて明解であり、しかも論点から外れていない場合には、ファシリテーターがわざわざ重要なポイントを抜き出したり、言い換えたりする必要はありません。発言をそのまま受け取って返すだけで十分です。いわばオウム返しの技です。

　M　ウチの課は緊急の案件が多くて、優先順位を上げられないんですよ。
　F　なるほど、この仕事は優先順位を上げられないのですね。

　なかには、自分の言葉で言い換えるのがファシリテーターの存在意義とばかりに、必ず言い換える人がいますが、これはあまりお勧めできません。やってみると分かりますが、これをされると、メンバーのほうは、ファシリテーターが「上から目線で」いちいち自分の発言に修正を加えているような感覚にとらわれます。**要約は必要最小限**にとどめておきましょう。

技法2　文章でまとめる

　次に、発言が少し長くなってくると、余計な部分を切り詰め、発言の主旨を短い言葉で表現する段階に入ります。特にオンライン会議では、1人ひとりの発言が長くなりがちなので、ファシリテーターが軽く論旨をまとめておくと、いらぬ行き違いを生まずに済みます。

　まさに要約です。発言の重要箇所を抜き出さねばなりません。ところが、ここで多くの人が誤解をします。短く簡潔に"単語を抜き出す"のが要約だと思ってしまうのです。悪い例を1つ挙げましょう。

　M　うちの人事評価制度は悪平等なんだよ。頑張ろうがサボっていようが、大きな差はつかないさ。
　F　人事評価制度（の問題）ですね。

しかし、「人事評価制度」とだけ言われて、発言の主旨・真意が伝わってくるでしょうか。真意を伝えるには、**主語＋述語の文章にする**必要があります。

M　うちの人事評価制度は悪平等なんだよ。頑張ろうがサボっていようが、大きな差はつかないさ。
F　なるほど、人事評価制度が悪平等だ、と。

要約は"干しシイタケ"をつくるようなものだと思ってください。生シイタケ（＝元の発言）をそのまま残そうと思っても無理なので、水分（＝余分な部分）を抜いて、干しシイタケ（＝要約）をつくるのです。

けれども、それを水に入れたときにシイタケに戻せなくては困ります。要約だけを聞いて、元の発言の主旨が手繰り寄せられないとダメなのです。

さらには、生シイタケより味わいの深まった、凝縮されたシイタケになっているのが理想です。元の発言よりも、コンパクトで、真意がズバッと伝わってくる要約を目指しましょう。

図 1-3 ｜元の発言の主旨に戻せるのがよい要約

何が重要で、何が重要でないか

では、発言の中の重要部分はどうやって探すのでしょうか。

重要な部分なのかそうでないかの判断基準は、ズバリ**「今の論点にかなっていること」「この話し合いの目的にかなっていること」**です。いくら素晴らしい演説でも、論点から離れていたら、それは要約の対象として採り上げるには値しません。

論点が異なれば、採り上げる部分も変わってしまうことを、事例で見てみましょう。皆さんなら次の一節をどう要約しますか。

ドストエフスキーの『死の家の記録』に究極の拷問という話があります。それは「無意味な労働」のことです。半日かけて穴を掘って、半日かけてまた埋めていく。その繰り返しというような仕事に人間は耐えられません。

出典：内田樹『疲れすぎて眠れぬ夜のために』角川書店

素直に要約するなら「無意味な労働に人間は耐えられない」あたりが妥当でしょうか。皆で集まって要約練習をしていると、なかにはドストエフスキーまで要約に含めようとする人もいます。「それは枝葉末節でしょう。引っかかりましたね」と笑ったりするのですが、では、本当にドストエフスキーは重要箇所ではないのでしょうか。

必ずしもそうではありません。もし論点が「私は誰の本と出遭ってきたか」だとすると「私はドストエフスキーの『死の家の記録』を読んだことがある」が発言の真意ですから、ドストエフスキーこそがキーワードになります。そして、本の内容を説明している後半が、今度は枝葉末節になります。

技法３　論点に沿って要約する

このように、発言・文章だけに着目しても、採り上げるべき場所――すなわち、キーワード、キーフレーズ――は決まってきません。

これをよく肝に銘じてください。ファシリテーターが発言を的確に要約するためには、「今の論点は何か？」を意識し続けることがとても重要なのです。

もう一度まとめると、発言の中で、

・論点に答えている部分を拾う
・論点に答えるためにはどうしても必要な言葉を拾う
のが、要約の大原則です。

残念ながら、多くの人は、一度に複数の論点について発言しようとします。そういう場合は、現在の論点に関係する部分に絞って要約をします。残りの部分は後で発言するように求めます。

ただし、議論を前に進める新しい論点を提案するものは、必ずしも落とす必要はなく、話の流れを見ながら判断する必要があります。

M　今の制度じゃあ、頑張ろうがサボっていようが、大きな差はつかないさ。任せてもらえないから、やる気が出ないというのもあるけど。
F　仕組みという点でいえば、人事評価制度が悪平等になっているわけですね。

図 1-4 ｜ 発言を要約して描く

うまく要約するための技法

　以上の基本を押さえた上で、もう少し細かく要約のコツをお話しましょう。機械的にこの手順を踏めば必ずうまく要約できるというものでもありませんが、ガイドラインとして役立つと思います。

１）思い切って削る

　ファシリテーターがする要約は、限られた字数、時間でしなければならないものであり、文章の要旨を文章でまとめるのとは少し事情が異なります。したがって、まず心がけるべきは「削る」です。

　論点をよく意識した上で、以下の要素をバサバサと削りましょう。

①今の論点と関係ない箇所

　たとえ大事なことを言っていても、論点と関係なければ削ります。

②背景説明や前置き

　導入として必要であっても、論点に直接答えていない部分は削れます。

③例示・具体数値やたとえ話

　「最近新入社員がすぐに辞めるのです。たとえば、うちの部署では……」

　「地味な取組みですが続けるべきです。ちょうど"兎と亀"の亀のように」というような発言では、後半は落としてしまってもかまいません。また「……や……や……など……」の「など」までの部分は削れます。

④言い換え

　同じことを違う言葉で語っていたら、分かりやすいほうを１つ残せば充分です。特に「すなわち」「つまり」「言い換えると」という接続詞が登場したら、前後どちらかを残せばよいケースがほとんどです。

⑤修飾語

　語調を整えたり、気合を込めたりするだけに使う修飾語は削ってもほとんど意味は変わりません。本当に、ものすごく、非常に、絶対、本質的に、とことん……など、これらを落としてみてください。

⑥すでに皆が知っている箇所

　新規な情報でない箇所は落とします。「……という意見が先ほどありましたが」とか「……ということは言うまでもありませんが」といった部分は必要ありません。逆に言えば、新規情報を残すということです。

２）主語と述語を残す

　削りに削る一方で、残すのは、論点に答えているメッセージの部分です。単語だけをポツンと残すのではなく、主語と述語（あるいは、主部と述部、名詞と動詞）を残すのがポイントです。技法２「文章でまとめる」を思い出しておきましょう。

図1-5 ｜ 要約の例（1）

論点：最近の新入社員についてどう感じるか？

そうですねぇ、今年は何人入ったんでしたっけ。25人でしたかね。まぁ私は全員と会って話をしたわけでもないですし、もちろんそれぞれの仕事っぷりを見る機会があったわけでもないので、はっきりしたことは言えないのですが…。

> 前置きです。

ここ３〜４年ほど、新入社員がすぐにメンタルになるとか、退職してしまうとか、マナーがなっとらんとか、いろいろ言われていますよね。本も出たり。　ただ、私は、世間がわーわー言うほど、彼らはそんなにひ弱ではないと思うんです。年寄り世代がつい若者を評したくなるだけなんじゃないかな。

> 論点に答えている部分です。ただし、修飾語は削ってもよいでしょう。

> 論点に答えていません。

たとえば、うちの隣の部に入ったＨ君なんかは、厳しいＫ部長の下でいつもガミガミ言われていますけどね、ときには理不尽な要求も言われたりして、でも、顔色も変えずに聞いて、ちゃんと最後には期待に応えていますよ。いったいどこがひ弱なんだ、と。まぁ、Ｈ君一人を例に挙げて結論づけるのもどうかもしれませんが。

> 例示です。

彼らの勉強量もすごいと思いますよ。製品知識だけでなく、経営の知識も貪欲に吸収しようとしているし、その一方で接待もちゃんとできる。「接待ができれば、お勉強なんてしなくていい」と言って、勉強から逃げていた私らの世代より、逆にしたたかなんじゃないですか。

> 「彼らはひ弱ではない」の言い換えです。

私たちが、自分たちの時代はどうだったかをまったく省みないで、最近の新入社員は精神的に弱い、弱いと言い立てるのは、あまり良くないことだと常々思っています。

> 大事そうな主張ですが、今の論点とは関係ありません。

▼　削りに削ると…

彼らはひ弱ではないと思う、というわけですね？

041

３）補う

前ページの要約では、少々削りすぎの感があります。そう思ったら、骨だけになってしまった要約に、ペタペタと肉付けをしていきましょう。

①足りない主語や目的語

発言者は、そこまでの議論の経緯や、自分の発言の流れから、自明と思われる主語や目的語を省略することがあります。前後のつながりや文意から推し量って、主語や目的語を補ってください。

②発言者が重要視している言葉・フレーズ

発言の中で何度も繰り返し出てくる言葉やフレーズは拾ったほうがよいでしょう。力を込めて語った言葉も同様です。

③的確な言葉への置き換え

発言者の骨となる発言の中には、他の言葉に置き換えたほうが、真意がより明確になるものがあります。それを置き換えましょう。

ただし、**その人が使った言葉を最大限に活かして**ください。ファシリテーターが勝手に自分の言葉で置き換えてしまうと、真意から逸れるだけでなく、発言に対する発言者の所有感が薄れてしまいます。

４）全体構成を読み取り、反映する

発言が長くなってくると、たいていの場合、発言はいくつかのブロックに分けられます。たとえば、発言の中に［根拠］と［主張］の２つのブロックがあれば、それぞれのブロックについて要約をすればよいと見通しがつきます。発言の構造を見つければ、要約のポイントの判断がつけられるのです。この構造を把握するヒントは第２章で解説します。

また、各ブロックの要約文をつなぐには接続詞が活躍します。発言者が、接続詞を使っていなくても、補ってあげれば言いたいことが明確になります。

M　６月以降うちの営業所の売上が年間目標の20％あたりで止まっており、成績が上がっているとはとてもいえない状態です。１人ひとりの営業担当者は４〜５月より業務時間がむしろ増えているのですが、課長の指示に一貫性がなく施策をコロコロ変えさせられていますし、その指示も当たったためしがありません。

F　当営業所の成績が上がっていない、なぜなら課長の指示が悪いからだ、

というわけですね？

5）ファシリテーターの考えを忍び込ませるな

　知らず知らずにファシリテーターの考えを入れてしまっていないか、最後にチェックをかけてください。今、話し合っている論点が自分にとっても関心あるものであり、「こうあるべき」「こうでないとつじつまが合わない」などと予断を入れてしまうと、こうなりがちです。ご注意を。

図 1-6 ┃ 要約の例（2）

論点：最近の新入社員についてどう感じるか？

　そうですねぇ、今年は何人入ったんでしたっけ。25人でしたかね。まぁ私は全員と会って話をしたわけでもないですし、もちろんそれぞれの仕事っぷりを見る機会があったわけでもないので、はっきりしたことは言えないのですが…。

　ここ3～4年ほど、新入社員がすぐにメンタルになるとか、退職してしまうとか、マナーがなっとらんとか、いろいろ言われていますよね。本も出たり。 ただ、私は、世間がわーわー言うほど、彼らはそんなにひ弱ではないと思うんです。年寄り世代がつい若者を評したくなるだけなんじゃないかな。

> 繰り返し語っています。我々や世間が言うほどではないんだ、という意味合いを要約に反映させましょう。

　たとえば、うちの隣の部に入ったH君なんかは、厳しいK部長の下でいつもガミガミ言われていますけどね、ときには理不尽な要求も言われたりして、でも、顔色も変えずに聞いて、ちゃんと最後には期待に応えていますよ。いったいどこがひ弱なんだ、と。まぁ、H君一人を例に挙げて結論づけるのもどうかもしれませんが。

　彼らの勉強量もすごいと思いますよ。製品知識だけでなく、経営の知識も貪欲に吸収しようとしているし、その一方で接待もちゃんとできる。「接待ができれば、お勉強なんてしなくていい」と言って、勉強から逃げていた私らの世代より、逆にしたたかなんじゃないですか。

> 「ひ弱ではない」の言い換えと捉えず、「勉強量もすごい」という新しい主張だとも考えられます。しかも、語りっぷりから思い入れも強そうです。付け足しておきましょう。また、「勉強量」と「貪欲に吸収」を合わせて「勉強努力」と表現することにします。

　私たちが、自分たちの時代はどうだったかをまったく省みないで、最近の新入社員は精神的に弱い、弱いと言い立てるのは、あまり良くないことだと常々思っています。

> 「彼ら」よりは「最近の新入社員」、「ひ弱」よりは「精神的に弱い」のほうが的確でしょうから、置き換えましょう。

▼

新入社員は、世間や私たち世代が言い立てるほど精神的に弱くないし、勉強努力もしていると思う、というわけですね？

043

基本動作③ 分かりやすく言い換える

技法1 あいまいな言葉を放置しない

　たとえば、こんな発言が出てきたら、どうしますか？　この意見をそのまま返しておけばよいのでしょうか。

　M　今年度は、営業力強化を最重要取り組みとすべきだ。
　F　なるほど、営業力強化ですか。

　いいえ、これではいけません。「営業力強化」というあいまいな言葉を放置しておくと、それが具体的に何を指すのか分からず、皆の認識がバラバラになってしまいます。ある人は「人員を増やす」と思っているかもしれませんし、またある人は「電話をかけまくる」と思っているかもしれません。

　このように発言の中にあいまいな言葉が出てきたら、ファシリテーターは「たとえば？」「具体的には？」と具体化を求め、発言の真意を明確にするサポートをします。

　M　今年度は、営業力強化を最重要取り組みとすべきだ。
　F　たとえば、営業力強化とは、どういうことですか？

あいまいワードはこんなにある

　そのためには、まずこの**あいまい言葉**に敏感になる必要があります。「この言葉は放っておけないあいまい言葉だ」とアンテナが立つようになってください。典型的なあいまい言葉を紹介しておきます。

・使い古された紋切り型の表現
　コミュニケーションが悪い、部門の壁が厚い、方針が浸透していない、戦略がない、人が育っていない、リーダーシップが発揮できていない

- **ちょっとかっこいい流行語（バズワード）**

  競争優位の源泉、差別化要因、構造改革、空洞化、コミットメント

- **少数の例を一般化しているかもしれない表現**

  みんなが言っている、多くの人の意見だ、いたるところに見られる、そういう事例がたくさんある、若い連中、経営層、○○部門の人たち

- **量の程度を表わす言葉**

  多い／少ない、大きい／小さい、長い／短い、早い／遅い

- **情緒的な表現**

  やる気を出す、覇気が足りない、誠心誠意努める、気を引き締める

- **使うと便利な動詞（お役所言葉）**

  推進する、強化する、活用する、徹底する、善処する、検討する

　これらの言葉を、普段の話し合いの中で意識してみてください。意外にたくさん（すみません、早速あいまい言葉を使ってしまいました）あるものだと気づくでしょう。

　あいまい言葉を見つけたら、それを具体化する質問をします。

　　F　営業力強化とは、具体的にはどういうことですか？
　　F　営業力強化というのは、セールス人員を増やすことですか？
　　F　営業力強化というのは、少しあいまいじゃないですかね？

　ただし、あいまいな言葉すべてを具体化しようとする必要はありません。すべて具体化しようと思ったら、議論がひっきりなしに止まってしまい、かえって邪魔になってしまいます。やりすぎると、揚げ足取りのようなことにもなりかねません。ときには、割り切りも必要となります。あくまでも、誤解なく議論を進めるためにやるものだということを忘れないでください。

技法2　言葉の意味をはっきりさせる

　パッと見たところ、あいまい言葉とは思えなくても、気をつけなければならない言葉があります。それは、客観的な実体を表わすのではなく、**概念を表わす言葉**です。

045

たとえば、開催場所、マニュアル、メンバー、売上高……これらは、聞く人によってそれほど意味は変わってきません。個々人の解釈に関係なく、その言葉の持つ意味や、指すものがある程度定まります。

ところが、夢、プロ意識、全社的議論、品格、ハード／ソフト……といった言葉は、その人が持つ背景や経験によって、「○○○とはこういうものなのだ」という、その言葉の意味や対象とする範囲が変わってきてしまいます。

意味や範囲をすり合わせずにディスカッションを続けると、お互いの言っていることがまったくかみ合わない、ということにもなりかねません。特に、部門横断チーム（CFT:Cross-Functional Team）で違う部門の人同士が集まったり、合併で違う会社の人同士が集まったりするときには要注意です。

雑談や背景説明の中でこの手の言葉が登場したときには、放っておけばよいのですが、論点に関わる重要な意見や、論点そのものの中に、概念語が登場したときには、「その言葉の意味は何か？」を皆で定義したほうがよいでしょう。

F　コンセプトを具体的に言うとどうなりますか？
F　今おっしゃったプロ意識ってどういう意味ですか？
F　この場での「ハード」「ソフト」を定義しておきませんか？

概念語でなくても、定義を確認しておいたほうがよい場合もあります。たとえば「利益」という言葉。人によって「営業利益」だったり、「経常利益」だったり、「税引後純利益」だったり。この話し合いではどの意味で使うのか、皆で合わせる必要があります。本章の冒頭で紹介した「目標」に対する食い違いの話もこの範疇に入ります。

F　今の利益はどっちの利益？　営業利益？　経常利益？
F　「共催」と「協賛」の違いってどうでしたっけ？

もう1つ気をつけなければいけないのが、「あれ」「これ」といった指示語（こそあど言葉）。特にオンラインの会議では、空気感や目配せで伝えるといった芸当ができないので、解釈の食い違いを招きそうな指示語が発言の中で出てきたら、何を指しているのか確認をしておくのが無難です。

046

M　それは違うんじゃないかな。何度やってもこのやり方ではうまくいかないよ。だから、毎度あんなことが起こるんだ。

F　何が違うのですか？　このやり方とは、具体的にはどんなやり方でしょうか？　あんなことの例を1つ挙げるとしたら？

技法3　言い換えてイメージをそろえる

あいまい言葉は、いつも都合よくきっちりと具体化・定義できるとは限りません。相手がうまく答えられないことだってあります。

M　今度のイベントはさ、皆が気楽に参加できるようなものにしたいんだ

F　気楽に参加できるって具体的には？　「気楽に」の定義は？

M　定義って言われてもなあ……

こういう場合の1つの打開策は、比喩、例示、イメージ、物語などイメージが伝わる表現に言い換えることです。

M　今度のイベントはさ、皆が気楽に参加できるようなものにしたいんだ

F　気楽って、ちょうど大衆酒場みたいなイメージですか？

M　そうそう、それだよ、それ！

ここでは、具体化することが目的ではなく、メンバーの認識が一致することが目的です。相変わらずあいまいな状態は続きますが、そこに参加しているメンバーのイメージをそろえられることに意味があるのです。

いくつかの方法を挙げておきましょう。

F　気楽って、ちょうど大衆酒場みたいなイメージですか？（比喩）

F　気楽って、一昨年やったような感じですか？（例示）

F　気楽って、森の緑に包まれたような感じですか？（イメージ）

F　大学生のときに、地元の商店街の人やら地域の子どもたちを集めて大学祭のイベントをやったんだけど、気楽ってそんな感じ？（物語）

分からなければ相手に尋ねよう

さて、こうやって、テクニックを駆使しても、どうしても要約ができなかったら、相手に尋ねるしかありません。いっそのことボールを本人に渡してしまって、「うまく要約できないので、どう解釈したらよいか教えてください」と本人にお願いをするのです。

そのときに、主に**オープンクエスチョン**を使います。相手に自由に答えてもらう質問形式で、具体的には5W1Hの質問になります。

F　要するに何をおっしゃりたいのですか？
F　で、ポイントはどこにありますか？
F　すみません、発言をどう受け取ったらよいのでしょうか？
F　短くまとめるとどうなりますか？
F　ズバリ、一言でいうと何ですか？
F　具体的に1つ挙げるとしたら何でしょうか？

ただし、この場合は本当に教えを請う気持ちでやるようにしてください。「あなたの発言が要領を得ないからだ」といったニュアンスが伝わると、感情的な反発を招き、「もう結構です」と発言を取り下げてしまわれかねないので。

最後はムリやり真意を引っ張り出す

それでも、やっぱり要領を得ないことがあります。その場合は、仕方ありません。最後の手段です。ファシリテーターは、発言した人の真意を推測して「……ということでしょうか？」と問いかけ、その人の真意を引っ張り出すのです。

そこで使えるのが、**クローズドクエスチョン**です。イエス／ノーで答える選択型の質問形式で、こちらの解釈をぶつけてみて、相手に確かめてみるのです。

F　ひょっとして……ということをおっしゃりたいのでしょうか？
F　……という私の理解で合っていますか？
F　たとえば……ということなんでしょうかね？

F　じゃあ、仮にAかBかと言われたら、Aでいいんですね？

F　もし間違っていたらごめんなさい。多分おっしゃりたいのは……。

　この作業は、発言からその人の真意を一所懸命推測することになります。これは勝手な解釈と紙一重であるといわざるをえません。とんでもない勘違いと常に背中合わせです。でも、それを覚悟した上で、勇気を持ってやってみてください。

　とはいえ、あくまでも原則は「この人の本当に言いたいことは何なのか？」を考えるということです。決して「この人の発言を、自分の都合のよい方向にどう利用できるか？」という発想が根底にあってはいけません。

図 1-7 ｜ 切り分けによる絞り込みと対比による絞り込み

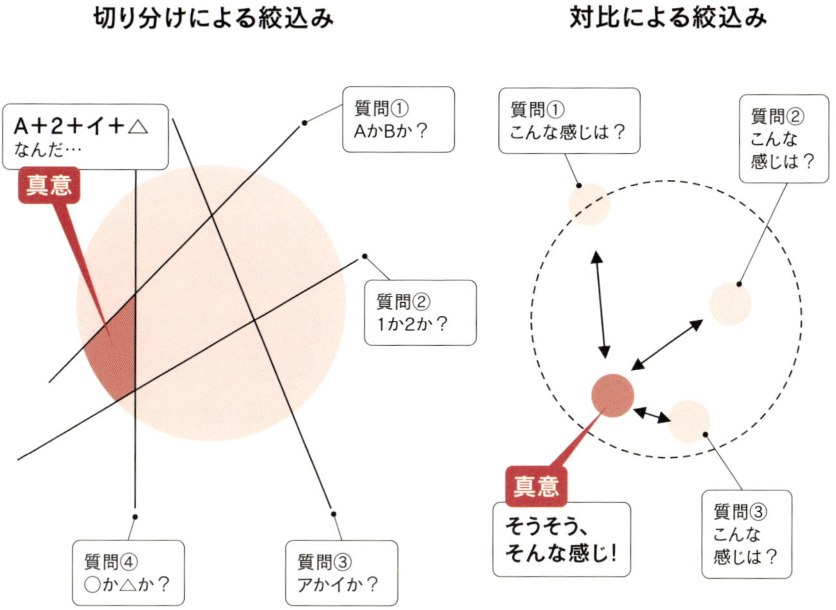

切り分けによる絞込み

A＋2＋イ＋△なんだ…

真意

質問①
AかBか？

質問②
1か2か？

質問④
○か△か？

質問③
アかイか？

対比による絞込み

質問①
こんな感じは？

質問②
こんな感じは？

真意

そうそう、そんな感じ！

質問③
こんな感じは？

要約 | **3**

あなたの要約力は
どこまで通用するか

▬ 理解度を確かめるエクササイズ

演習：新商品の販売促進策を考える会議

　新商品の販売促進策を考える会議が、思わぬ展開になってしまっています。どのタイミングでどんな働きかけをファシリテーターがすればよいのかを、考えてみましょう。(A、B、C：討議メンバー、F：ファシリテーター)

A　やっぱり、もっと商品の認知度を上げないといけないなあ……。そのためには、マス広告をドカ〜ンと打つしかないよ。今は、どこも広告費を絞っているから絶好のチャンスですよ。

B　それもいいですが、マスで展開するより、クチコミで地道に広げたほうがかえって早いんじゃないでしょうか。その点でいえば、今は、ネットですよ、ネット。

C　できれば、今の低成長の時代に合った方法でやりたいですね。消費マインドが高まってこないので、それを刺激するような。それに、今回は新しい商品シリーズの旗頭ですから、着実に効果があるようなやり方でないと。

B　そういえば、九州地区でライバルが店頭キャンペーンを仕掛けてきたと、営業所からレポートが入っていたんですが、皆さん、ご覧になりましたか？

050

A　ああ、あのレポートね、私も読みました。まあ、大した影響はないと思いますが、正直言って、ちょっと「やられた！」という感じがしましたね。ウチも大変だけど、あっちは、あっちで、いろいろ苦労しているんですよ、きっと。

C　店頭キャンペーンは、浸透に時間がかかりますが、うまくいけば話題性はありますよね。顧客に直にアピールできるのが、なんといっても魅力です。ただ、大きな小売店だと毎週どこかが何かをやっているので、ウチがやっても……。

A　さっきから聞いていると、なんか、どれもこれもありきたりな感じがするんですよね……。もっと「お！」という感じのアイデア、ありませんかね？

B　じゃあ、こういったのはどうでしょうか？　若手を集めて、ブレーンストーミングでもやってもらうのです。若者がターゲットの商品なんですし、彼らに考えてもらうのが一番じゃないですかね。

A　お〜、それはいいかも。じゃあ、早速、新入社員を集めてもらえるよう、人事課に相談してみましょう。彼らなら、きっと面白いアイデアが出せると思います。さすが、Bさんだ。

C　いいんじゃない。私も異議なし！　Bさん、ありがとう。

図1-8 ｜ あいまいな発言だらけの会議

解説 ：あいまいなままでは単なるおしゃべりになる

　残念ながら、これは単なるおしゃべり（会話）であって、とてもロジカルなディスカッションとはいえません。議論が全然かみ合わず、気がつけば、アイデアを出す話からアイデアの出し方を考える話に論点がすり変わり、当初の目的とは違う結論に落ち着いてしまいました。

　ツッコミどころ満載なのですが、登場人物別に、ポイントを絞って解説してみます。

1）Aさん

　あまりにも言葉が抽象的であり、感覚的です。「マス広告をドカ～ンと打つ」と言っても、どんな媒体にどれだけの量の広告を投下しようというのでしょうか。「お！」という感じとは、どんなイメージを伝えようとしているのでしょうか。少なくともこの2点はチェックしたいところです。

> **F**　ドカ～ンと打つって、どの媒体に何億円くらいを投下するイメージを持っていますか？
>
> **F**　「お！」という感じを大切にしたいというのは分かるのですが、もう少し具体的に説明してもらえませんかね？

2）Bさん

　まず気になるのが、九州のライバルの店頭キャンペーンの話です。

　ここでの論点は「新商品をどう販売促進するか？」であることを思い起こしてください。「ライバルが店頭キャンペーンをやっている」ではこの論点に答えていません。Bさんはこれで何を伝えたかったのでしょうか。同じことをやろうと言っているのか、それではダメだと言っているのか、どちらにも解釈ができます。ここは確認しておかないと、後の話が変わってきます。

> **F**　で、その話を聞いて、Bさんはどう思ったのですか？
>
> **F**　Bさんは、ライバルのようにやるべきだとおっしゃっているのですか？それとも、やるべきでないと？

それよりも重大な点は、Ｂさんの論点が途中ですり変わってしまったことです。アイデアそのものではなく、アイデアの出し方を考える話に論点がすり変わってしまったのは、Ｂさんが引き金です。この議論ではここがキモとなる点です。ファシリテーターとしては、盛り上がっているＡさんとＢさんの両名に必ずチェックを入れて、論点を引き戻さないといけません。

> F　Ａさんの「お！」という感じは、アイデアそのものに対してであって、その出し方についてではありませんよね？
> F　若手を集めてブレストもいいですが、もともとのアイデアを出すのは諦めちゃったんですか？
> F　あれ、若手を集める、が結論ですか？　もともとの論点は新商品の販売促進策をどうするか、でしたよね。

3）Ｃさん

　Ｃさんは、いろいろありがたい講釈はしてくれていますが、彼女の主張はどこにあるのでしょうか。Ａさん、Ｂさんのアイデアに賛成とも反対とも言っておらず、具体的なアイデアの提案が見られません。批評家に終始しているだけです。ここは、無理にでも真意を質したほうがよいでしょう。

> F　要するにＣさんは、何をすべきだとおっしゃっているのですか？
> F　ひょっとしてＣさんは、販売促進にあまり乗り気じゃないんじゃないですか？

　このように、相手がノラリクラリと真意を表に出さないときに、ファシリテーターが極論や曲解をわざとぶつけることがあります。相手の真意を引き出そうというプル戦術ではなく、相手に受け入れられないものを押しつけて、その反発力を活かそうというプッシュ戦術です。詳しくは後で述べますが、こういう方法もあることを覚えておいてください。

要約力を高めるトレーニング

演習問題にあったような場を数多く経験すれば、要約の力は鍛えられます。といっても、現場で実践に挑むだけでは心もとない方も少なくないと思い、各章でスキルを磨くためのトレーニング法を紹介していきます。

これらの練習はなるべく複数人で集まってやってください。1人ではどこをどう直せばもっとよくなるのかヒントが得られにくくなります。自分の発想の壁を打ち破るきっかけを得るのも難しいでしょう。それに、この類の練習は1人で地道にやっていると暗くなります。皆で楽しくやりましょう。

文章段落要約

意見を聴いて、その場でリアルタイムに要約できるようになるには、文章を読んで要約するスキルが磨かれていればこそ、です。まずは文章の要約から始めましょう。

1. 本の一節を選びます。
2. 段落を1つ読んで、要約します。30～40文字の文字制限をつけます。
3. 要約文を見せ合って、どの要約がよいのか考えます。
4. 次に、自分の要約と比べ、自分の要約をどう変えるとよりよくなるのかを考えます。

傾聴力を磨く

相手が何を言いたいのかを正確に理解するのが要約の基盤です。そこで、相手の意見を傾聴して、「おっしゃっているのは……ということですね」と的確に返せる能力が求められます。

1. 聞き手と話し手を1人ずつ選び、他の人は練習者として話し手の発言を聴きます。
2. はじめに、練習者は「要約が苦手だ」と思っている順に並びます。
3. 聞き手が話し手に対して質問をし、話し手はそれに答えます（お話し時間

は50秒程度)。話し手が50秒ぐらいで話せそうな質問をいくつか用意しておきます(例:「子供のころ、疑問に思っていたことは何ですか?」)。話し手は、最後についまとめの言葉を言ってしまいがちですが、言わないようにします。
4. 話し手の発言が一区切りついたら、練習者は要約をいったん手元の紙にメモします。1分もあればよいでしょう。
5. 次に、練習者は、「要約が苦手だ」と思っている人から1人ずつ順番に「なるほど。……ということですね」という形式で要約します。
6. 要約の出来がよいと思ったら、他の人は「お~!」とどよめいてあげてください。よい要約が出てきたら、いったん立ち止まって、どこがよいのか軽く検討します。また、話し手は、もし要約が的を外していると感じたら、「いや、私の言いたいことはそうじゃなくてね……」と率直に言ってあげるのが練習のポイントです。
7. 最後の人までいったら、皆から見て要約の上手な人は、順番の後ろのほうに並び直します。3に戻って繰り返します。

あいまい言葉探し

具体化すべきあいまい言葉を、私たちがつい見過ごしてしまうのは、単に普段からアンテナを立てる努力をしていないからです。意識すれば、すぐに見つけられるようになることに気づく練習です。

1. 本や新聞の一節を選びます。耳で聞いてすぐに返す練習にしたいので、コピーを皆に配布する必要はないでしょう。
2. 誰かがその一節を読み、一段落ごとに止まります。
3. 練習する人は、「これはあいまいなまま放っておけないぞ」と感じる言葉や節を取り上げ、「なるほど。〇〇〇〇というのは、具

図 1-9 | 練習の様子

体的にはどういう意味でしょうか？／たとえばどういうことを指していますか？」と速攻で返します。

　気をつけてほしいのが、「揚げ足取り」です。これは「本当に×××ということが言えるのか」と、噛みつくポイントを取り上げる練習ではありません。あくまで「あいまいな言葉だな」「もう少し具体化したほうがよさそうだな」という言葉を拾い上げる練習です。そのことを練習中に確認し合いながら進めてください。

語彙を増やす

　語彙（ボキャブラリー）が多いほうが、ピッタリはまる要約がしやすくなります。

　語彙が豊富にあれば、いろいろ手を変え品を変えて相手にぶつけていく中で、最適な言葉を発言者に選んでもらうという芸当もできます。言いたいけどうまく言えない人には、語彙が豊富な人が「……ということをおっしゃりたいんじゃないですか」と助け舟を出すと大助かりです。

　といっても、急にボキャブラリーは増えません。強いていえば、ありきたりですが、多くの書物に触れたりいろいろな経験を積んだりして、教養を深めることくらいでしょうか。

　加えて、類語辞典を活用するのも１つの手だと思います。たとえば、ウェブ上にオンラインの類語辞典があがっており、誰もが気軽に利用できるようになっています。

　ちなみに筆者は「Weblio類語辞典」（http://thesaurus.weblio.jp/）を愛用しています。類語辞典を引くと、１つの言葉もいろいろな言葉に変換可能で、いかに自分が限られた言葉を使ってコミュニケーションをしているかがよく分かります。

　報告書やプレゼン資料などの文章を書くときはもちろん、時間のあるときに自分のよく使う言葉がどんな言葉で言い換えられるかを調べてみることをお勧めします。

実践のヒント①

Q 思いつきで発言する人がいます。どうしたらよいですか？

A 人は、聞きたいことだけを聞き、思ったことはしゃべりたくなる動物です。論点や流れに関係なく、勝手な連想で何か思いつけば、脊髄反射のように発言してしまいます。知ったかぶりや経験談はその典型で、自分を認めてほしいという気持ちの現れです。しかも、年齢を経るに従って傾向は強くなります。しゃべりたくてたまらないのです。

なかには、「あまり関係ないかもしれないけど……」「少し話は変わるけど……」「ちょっとコメントだけど……」などと、わざわざ思いつきであることを断ってから発言するご親切な人もいます。結論が用意されているわけでもなく、話がどこにいくかも分かりません。そんな勝手気ままな発言を許しているから、議論が単なるおしゃべりになり、本筋からどんどん脱線していってしまうのです。

参加者全員がこうなってしまったら、ファシリテーターもお手上げです。会議のルール（グラウンドルール）をつくるところから始めるしかありません。たとえば、次の３つのルールは、あまりにひどい話し合いで筆者が実際に使っているものです。これだけで思いつき発言がなくなるわけではありませんが、少なくともしづらくなります。

①何を言いたいのか、今それを言うべきなのかを、考えてから発言を求めましょう。

②発言を許可されてから、発言を始めましょう。

③最初に結論を言ってから、細かい説明に入りましょう。

ポイントは、このルールをどうやってみんなに受け入れてもらうかです。筆者は、メンバーとの関係性を高めた上で、「まさか皆さんはこんなことはないと思いますが、一度ゲーム感覚でやってみませんか？」と明るく持ち込むことにしています。皆さんも、そういった自分なりの「そそのかしの技」を考えてみてください。

第１章 要約する

3 あなたの要約力はどこまで通用するか

057

要約 **4**

現場で使える実践的な
要約テクニック

要約が長くなったら危険信号

キレのよい言葉を使おう

　前節で述べた要約のトレーニングをすると、正確に真意をまとめようとするあまり、発言者より長い要約をする人がいます。それでは要約とはとても呼べません。

M　小学校低学年のうちから英語を学ぶようにすれば、現在の日本人の英語能力の低さの問題も解消できると考えています。

F　小学校低学年の頭の柔らかいうちに英語に接したり、話したりして、学習をすれば、今の日本人の英語能力の低さや情けなさ、よく言われる「筆記試験ではいい点が取れても、まったくしゃべれない」といった問題を解消できるとお考えなわけですね。

　これは単に要約が下手な場合と、意図的な場合があります。

　下手な場合は地道に訓練をするしか手がありません。多くの場合、一言でスパッと言い表せないので、似たような言葉を自分から付け加えて、繰り返してしまっています。余計な言葉をできるだけ削るよう意識して、要約をしてください。

　あるいは、語彙をもっと増やして、的確な言葉で主張の内容が表現できるよ

うになることです。コンパクトでキレのよい要約。これこそが、我々が目指す
姿です。

> M　小学校低学年のうちから英語を学ぶようにすれば、現在の日本人の英語
> 　　能力の低さの問題も解消できると考えています。
> F　低学年から英語を学べば、日本人の英語能力は伸びる、というわけです
> 　　ね。

何事も隠さず、何事も付け加えず

　一方、意図的な場合というのは、要約して返しているように見えて、その実、
自分の言いたいことを巧妙に織り交ぜているようなケースです。えてして、発
言者のキーワードが隅っこに押しやられてしまっています。

> M　小学校低学年のうちから英語を学ぶようにすれば、現在の日本人の英語
> 　　能力の低さの問題も解消できると考えています。
> F　なるほど。しかも、日本人の教師から英語を学んだってしかたないです
> 　　もんね。小さいうちからネイティブの英語に接すれば、英語の耳が鍛え
> 　　られ、外国人に対する抵抗感も払拭できて、日本人の英語能力がアップ
> 　　する、と。そのためにはネイティブの英語教師の待遇をもっと改善する
> 　　必要がありますね。

　これでは巧妙な誘導になってしまい、みんなの発言を借りながら、ファシリ
テーターが自説を開陳する策略になってしまいます。厳に戒めないといけませ
ん。
　その人の発言を忠実に要約してこそ、ファシリテーターです。証人の宣誓で
はないですが「何事も隠さず、また何事も付け加えない」ことを肝に銘じておく
必要があります。
　とにかく自分の発言が長くなっていたらアウト。常に気をつけるようにして
ください。

背景が分からないと意味が分からない

「前提」によって意味が変わる

　せっかくうまく要約したと思ったのに、発言者はしっくりこない顔をしている……。そういう場合は、前提がズレていることがあります。

　典型的な例が政治家の失言です。たとえば、池田勇人元総理が「中小企業の五人や十人自殺してもやむを得ない」と発言をしたと報道され、物議を醸したことがあります。これだけ読むととんでもない発言ですが、元は次のようになっています。

　「正常な経済原則によらぬことをやっている方がおられた場合において、それが倒産して、また倒産から思い余って自殺するようなことがあっても、お気の毒でございますが、止むを得ないということははっきり申し上げます」（衆議院会議録情報　第015回国会　本会議　第7号より）

　要するに、「経済原則によらぬことをやっている方」という**前提**が省かれて、要約されてしまったというわけです。よくやってしまう失敗の1つです。

「文脈」によって意味が変わる

　世間を騒がせた政治家の失言をもう1つ取り上げましょう。柳沢伯夫元厚生労働大臣の「女性は子どもを産む機械」発言です。元はこうです。

　「今度我々が考えている2030年ということになりますと、（中略）生まれちゃってるんですよ、もう。30年のときに二十歳で頑張って産むぞってやってくれる人は。そういうことで、あとはじゃあ、産む機械っちゃあなんだけど、装置がもう数が決まっちゃったと。（中略）決まっちゃったということになると、（中略）この産む役目の人が1人頭で頑張ってもらうしかない」（手代木恕之のブログ『ニッポン情報解読』より）

　はっきりと"機械"と言っていますが、彼が言いたかったこととは相違があります。「子どもを産む"母数"がすでに決まっている以上、1人ひとりにたくさん産んでもらうしかない」というのが真意です。**文脈**を無視されてしまい、語彙不足から不用意に出た言葉だけを「地が出た」と責められたのです。

相手の背景を把握しよう

　発言は、解釈する前提や文脈によって、意味が変わってきます。そこを含めて要約を考えないと、このような意図せぬ取り違えが起こります。
　これは、分子分母の関係で捉えると分かりやすくなります。発言（メッセージ）の内容が分子です。**コンテンツ**とも呼びます。それを解釈するのは背景、つまり前提や文脈が分母です。**コンテクスト**と呼びます。分子を分母で割ってでてくるのが、発言の**意味（ミーニング）**です。
　要約で大切なのは、意味を正しく捉えることです。そのためには、発言の内容だけを聞いていては足らず、相手が置かれている背景を把握することが重要となってきます。具体的には次のようなものです。
・どういう前提条件を置いて発言をしているのか？
・どういう文脈や流れの中で発言しているのか？
・どういう立場や役割の中で発言しているのか？
・どういう世界観（文化、規範など）の中で発言しているのか？
　もし、どうしても要約がしっくりいかなかったら、一度相手の背景を尋ねてみるとよいでしょう。

図 1-10 ｜ コンテンツとコンテクスト

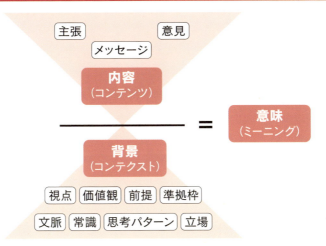

聴く力を高めて真意をつかむ

理解力と共感力を高める

　要約力をもっと高めたいという方にお勧めしたいのが、聴く力を高めることです。ただし、ここで言う「聴く」は、「聞く」(ヒアリング)ではなく、「聴く」(リスニング)です。相手に関心を持ち、真意をしっかりと受け止めようと、積極的に相手の発言を聴く態度です。**積極的傾聴**(アクティブリスニング)とも呼びます。

　話し手の意見を正しく把握するという論理的側面はもちろん、発言を通してみんなに訴えたい気持ち、感情的側面も非常に大切です。言い方を変えれば、相手の主張を理解しつつ、気持ちに共感をしていく。両方ができてこそ優れたファシリテーターです。

　ここまでは、前者を中心に話を進めてきましたので、少し後者への配慮について紹介していきたいと思います。

少しオーバーアクション気味に

　まずは、聴く態度から。相手の話を一所懸命に聴いて、ちゃんと意見を聴いてもらっていると相手に実感してもらわなければいけません。そうでないと、ファシリテーターはしっかり理解できて見事な要約ができたけれど、相手はしゃべる気を失ってしまった、ということになりかねません。皆で話し合うという大元の目的が吹き飛んでしまいます。

　まずは、相手のほうを見て相手のほうに身体を向けて、聴く姿勢をつくりましょう。腕組みをしてふんぞり返るのはもってのほかです。その上で、適度に目を合わせて、発言に対して軽くうなずきます。

　「なるほど」「へえ〜」「ふ〜ん」「そう思うんだ」……と心を込めて明るく相づちを打って、いったんは受け止めることが大切です。まずは**共感から入る**のが鉄則で、「その論点はおかしいです」といきなり言ってはいけません。

　このときに、相手によく伝わるよう、少しオーバーアクションでやるのがコツです。そうすれば、聴いてもらえたという感じが強くなり、後のツッコミに

対しても感情的に反発することが少なくなります。

非言語メッセージから意図を読み解く

さらに、話を聴くときは、言葉で言い表せなかったメッセージもしっかりつかむようにしてください。真意にも、論理的なものと感情的なものがあり、両方をあわせてはじめて本当の真意となるからです。

たとえば、会議で決定事項への賛否を求めるとき、「はい、だいたいよいと思います」という発言があったとします。この人は賛成していると言えるでしょうか。

この発言がにこやかに言われたのか、含み笑いで言われたのかで「だいたい」の意味が全然変わってきませんか。含み笑いで言った人は「こんなもの賛成できるわけない。勝手に決めたらいいけれど、僕はやらないよ」という意味かもしれません。

「なぜ今月は不良品が多いんだ？」という発言があっても、語気や表情で、叱責か、純粋な疑問かが変わってきます。

要約するときには、言葉（言語情報）だけでなく、目線や話し振りなどの、いわゆる**非言語メッセージ**（言外のメッセージ）も読み取らないといけません。

特に目線と態度に神経を集中してください。きっと言葉には表れないいろいろなメッセージを発信しているはずです。その上で、話し振りや語尾のニュアンスなどに現れた、隠れたメッセージを読み取ります。目と耳を最大限に働かせることで、言外のメッセージが読み解けるのです。

なかでも注意してほしいのは、言語メッセージと非言語メッセージが食い違っている**ダブルメッセージ**の場合です。多くの場合、後者のほうが本心を表しています。そういうときは、「……とおっしゃりたいんじゃありませんか？」と問いかけて反応を見ることになります。

あの人の真意は何？

結局、その人が本当に言いたいことをつかむには、言葉だけではなく、その人の表情や姿勢などもよく観る**観察力**が大事だということになります。この観察力を磨く練習が「フィッシュボウル（金魚鉢）」です。姉妹編『チーム・ビルディング』（P276）の中でも紹介しましたが、ファシリテーターの基礎トレーニ

ングの1つとしてあらためて紹介しておきます。

1. 2つのグループをつくります。1つのグループが内側、もう1つのグループが外側になって二重の円をつくります。
2. あるテーマで内側の円のグループが討議を行い、外側の円のグループはその討議の様子を観察します。時間は10〜20分程度が適当です。テーマは、「車中の化粧はOK？」といったように、互いの価値観がぶつかり合って、メンバー同士の葛藤が生まれるものが面白いでしょう。
3. 観察のポイントは、1人ひとりの場への関わり方、心の声、グループの雰囲気、力関係などです。特にこれらの変化を読み取っていきます。
4. 討議が終わったら、観察側のグループから討議側のグループへ、観察していて感じたことをフィードバックします。
5. 討議側、観察側の立場を入れ替えて同じことを繰り返します。

相手の発言にかぶせるな

　相手の話がしっかり聴けるようになったら、**要約に入るタイミング**にも気を配ってください。

　発言者の発言がしっかり終わらないうちに、「なるほど、……ということですね？」と勝手に要約をしてしまう、せっかちなファシリテーターがいるからです。

　確かに、ダラダラと「。」をつけずにしゃべる発言者の場合には、そうせざるをえない状況もあります。けれども、普通に発言している人にまで、毎回毎回やっていると、発言者をうんざりさせてしまいます。ほんの3秒、発言の語尾が終わるまで待てないばかりに、メンバーに「最後まで聴いてくれよ」と思わせてしまうのです。

　ファシリテーターは悪意があってやっているわけではなく、大半の人は単なる癖でしょう。しかし、癖だからこそ自分では気づきにくいといえます。ときおり、自分が相手の発言にかぶせて要約していないか、意識的にチェックすることをお勧めします。

こんな問題児にどう対処する？

意図的に意見をはぐらかす人

おそらく、ファシリテーターを一番困らせるのは、明確に意見を言いたくない人だと思います。コラムで述べた「思いつき発言」はその典型ですが、これはまだかわいいほう。たちが悪いのは、意図的にやっている人です。

たとえば、自分の保身のために、賛否を明らかにしない人がいます。「この案にはＡという見るべきところがあるものの、Ｂという問題もまた認識しておくべきです」といった、賛成とも反対ともつかないあいまいな発言しかしません。

賛成の声が大きくなれば、「Ａという見るべき点があると私も申しあげておりました」となり、反対の声が大きいと「だから、Ｂという問題があると指摘していたじゃないですか」と言います。

こういう確信犯に対処するには、どうしたらよいでしょうか。実は、先ほどの説明の中にヒントが隠されています。要するに、この人のホンネを指摘してあげればよいのです。

M　この案にはＡというメリットがあるのは皆さんのおっしゃるとおりです。ただし、Ｂという問題もまた認識しておくべきです。

F　なるほど。ともかく、この案に賛成されているわけですね。

M　いえ、そうは言っていません。Ｂという懸念があると言っているじゃないですか。

F　だったら、この案に反対されているわけですね。

M　だから、そうではなく、Ａというメリットの点では、皆さんに賛成なんですから。

F　なんだ。勝ち馬に乗りたいから、賛成も反対もしたくない、とおっしゃっているんですね？　ハイハイ、分かりました。

ここまで直裁に言うことははばかられると思われるかもしれませんが、相手のホンネをズバリ指摘するのが、こういった確信犯に対処する特効薬です。実

際に、TVの討論番組で司会者がノラリクラリ発言をかわすゲストによくやっている手です。そのためにも、相手をしっかりと観察して、言外のメッセージを読み取るようにしてください。

勝手に解釈して発言をかぶせる人

この逆のケースもあります。意見を過剰に言いすぎる人です。

よくあるのは、人の意見を半分も聞かずに、「……と言いたいんだろ。でもね……」と自分勝手な解釈で反論しようとする場合です。発言をかぶせられると、声の大きい人が勝つだけで、ロジカルなディスカッションになりません。

実務的には、要約の基本フレーズとワンセットで、誰かの発言の途中で他の人が割り込んできたときの対処のフレーズも身につけておく必要があります。

F　ここは話の続きを聴いてみませんか？

F　まあ、あせらず、ひとまず最後まで聴いてみましょうよ。

F　まあ、まあ、今は○○さんの意見をいただいているところですから、後でじっくりと反論してください。

それでも効果がないときは、いったん、発言者の内容をどのように受け取ったかを確認してから、話を進めるようにしてください。

M　（発言に割って入って）だからね、さっきから違うと言っているじゃないか。

F　ちょっと待ってください。今のAさんの発言をどのように受け取って、反論されようとしているのですか？

M　だから……と言っているんだろ。それくらい分かっているよ。

F　Aさん、それで合っていますか？　え、ちょっと違う？　だったら、最後まで話を聴いてから反論をしてくださいよ。

第2章

検証する
Verification

2

基本動作④ 筋道を明らかにする

基本動作⑤ 筋道の歪みを正す

基本動作⑥ 筋道の偏りを正す

検証 | 1

なぜそう言い切れるのか

▰不都合な真実を前にして

　筆者は若い頃、あるメーカーで中長期の事業計画の立案を仕事としていました。当時、さまざまな分野でデジタル化が始まり、市場が大きく変貌していくことが予見されていました。そこで事業計画の前提として、さまざまなデータから将来の市場予測をしたところ、あと数年で既存商品のマーケットは消え失せ、すべてデジタルに置き換わるという結果となりました。

　これは一大事です。社内では「デジタル化なんてまだ遠い先の話だろう」と呑気に構え、既存商品の開発に資源を集中していたからです。まずは商品開発の幹部連中の目を覚まそうと、取り急ぎこの話を幹部会で報告することにしました。

　プレゼンに際しては、できうる限りのエビデンスをそろえ、ファクトに基づいて客観的に説明を試みました。それに対して、出席者から矢継ぎ早にツッコミが入ります。「そんなはずはない」「私はそうとは思わない」「君を信じて大丈夫なのか？」と異論が続出したのです。

　ところが、こんなフワフワした意見には答えようがありません。「蓋然性はかなり低いのでは？」「そのデータだけで一般化していいのか？」「もっと大切な要因を見落としていないのか？」と言われれば反論のしようがあるのですが、これでは議論になりません。

　要するに、「不都合な真実」を受け容れたくないので、いろいろ難癖をつけるだけです。それがハッキリと分かったのが、満を持して飛び出した開発トップ

の言葉でした。

「君の予測は当たるかもしれない。そんなことが本当に起こったら会社は大変なことになるだろう。かといって、今から全面的にデジタルへ舵を切ったら、今の事業が成り立たなくなる。手が打てないことを考えても仕方がない。起こっては困ることは、起きないんだ」

一瞬何を言っているのか分からず、あまりに大胆なロジックにまさに目が点になりました。当時は「なぜ？」「その根拠は？」と訊く勇気がなく、しかるべき立場の人にそこまで言い切られたら、すごすごと引き下がるしかありませんでした。

もちろん、2年も経たないうちに、環境変化の波は押し寄せ、右や左やの大騒動になったことは言うまでもありません。今でも悔やまれる、忘れられない会議でした。

論理の解体作業を促進する

デヴィッド・ボーム『ダイアローグ』(英治出版)に興味深い話が載っています。ディスカッション(discussion)は「打楽器(percussion)」や「脳震盪(concussion)」と語源が同じで、これらの言葉には「物事を壊す」という意味があるそうです。

互いの主張をぶつけ合い、さまざまな切り口で分析して解体していき、もっとも確かな主張を選び取るのがディスカッションです。したがって、議論の中心となるのは、**互いの論理の組み立ての妥当性**です。「その筋道のここが怪しい」「この点は信頼できない」「もっとこう考えたほうが妥当性が高くなる」と言い合って、より確からしい結論を導いていくわけです。

ファシリテーターの役割は、そういった解体作業のお手伝いです。互いの主張に対して「なぜ？」「本当にそうなのか？」「もっと、他の考えはできないのか？」と問いかけ、互いの解体作業を促進していきます。本章ではそのための技を紹介していきます。

検証 | 2

主張の筋道を正しく通す

▬ 主張と根拠のつながりを調べる

みんながみんなロジカルではない

　お互いに意見をかみ合わせながらディスカッションするには、主張だけをぶつけ合っていてもらちがあきません。主張だけでは、その主張がもっともらしいのか、信頼に足るのか、他の主張と比べてどちらが妥当なのか、判断のしようがないからです。

　どの主張が妥当なのか判断するには、**その主張の根拠は何なのか**まで押さえる必要があります。「主張。なぜならば根拠」──この組み合わせを、皆で出していくことがロジカル・ディスカッションには求められるのです。これが話し合いの「筋道を通す」ということです。

　ところが、筋道の通ったディスカッションが必要だと誰もが頭では分かっていても、これまたなかなか実践できるものではありません。主張と的確な根拠を明確に説明しようとする人はむしろ少数派です。多くの人は、自分の主張を通すのに都合の良い筋道をつくりがちです。たとえば、

・個人的な観測を事実であるかのように言う
・根拠を省略して、声の大きさで押し通す
・1つ2つの事例をすべてに通用する法則であるかのように一般化する
・最初に思いついた視点に固執する

070

といった状況はよく見受けられるのではないでしょうか。

その一方で、ロジカルな人もまた、自分の意見の正当性を主張し、他のメンバーを説き伏せるためだけに論理を駆使しがちです。「ロジカルでない人の意見にも検討に値する視点がある」という考え方をしないので、メンバーのさまざまな情報や見解を活かしたディスカッションができません。

これは、対立が起こったときに顕著です。「相手がなぜそのように主張するのか」の根拠を考慮する心の余裕はもはやなく、双方とも自分の主張を繰り返すだけになってしまいます。これでは、ディスカッションが平行線になり、対立が解消できないのも当然です。

そこで、ファシリテーターは、主張だけでなく、その根拠まで引き出し、全員で筋道を確認しながらディスカッションできるようサポートする必要があります。これが本章で扱う「検証する」という作業です。

図 2-1 | 主張と根拠をワンセットにする

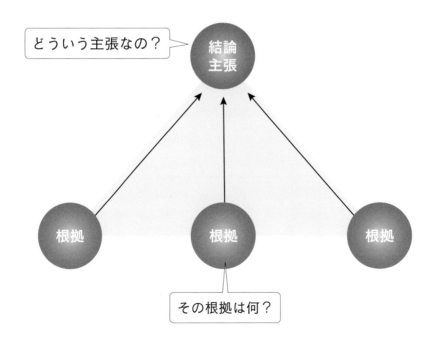

検証のための３つの基本動作

では、この検証のためにファシリテーターは何ができるでしょうか。

（１）筋道を明らかにする…… 基本動作④

主張と根拠がそろっているかを確認し、足りなければ欠けているものを求めます。論点に答えている主張を引き出したり、抜けている根拠を出してもらったり、隠れている前提をあぶり出したりします。主に、「なぜ」（Why?）と「だから何？」（So what?）の２つの質問を使います。

M　その解決策はありえないですね。
F　そうですか。それはなぜでしょうか？

（２）筋道の歪みを正す…… 基本動作⑤

主張や根拠が妥当なものであるか、正しいつながり方をしているかをチェックします。「本当にそうなの？」と、筋道を疑ってかかる気持ちが大切になります。そうやって、縦の論理の妥当性を検証するわけです。

M　不良率が高いのは、部門の横のつながりがないからです。
F　本当にそうですか？　部門の横のつながりがないと、どのようにして不良の多発につながるのか、説明していただけますか？

（３）筋道の偏りを正す…… 基本動作⑥

横の論理の検証です。ファシリテーションの場面では、メンバーが一部の視点に偏った検討をしてしまうことがよくあります。他の視点に目を向けてもらい、その視点での議論を促すのがファシリテーターの重要な役割となります。「他にないの？」と視点を広げる問いかけが重要です。

M　彼女は課長に適任だよ。計算力もあるし知識も幅広い。新しい仕事に就いたときの状況把握の迅速さもものすごいんだ。
F　なるほど、知的能力に優れるというわけですね。他に必要なものはありませんか？　たとえば、人望やストレス耐性といった観点では？

基本動作④ 筋道を明らかにする

技法1　Why?で根拠を引き出す

　会議の中で、このような言いっぱなしの意見はたくさん出てきます。

「あいつは許せない」

「そんなこと、できるわけないだろ」

　主張ははっきりしていますが、根拠がまったく示されていません。根拠がなければ、その主張がもっともらしいのかどうかを判断したくてもしようがありません。

　ファシリテーターは、それぞれの主張と根拠は何かを常に意識して、「Aだから、Bである」という構造に当てはめながら、皆の意見を聴くことになります。そして「根拠がない（つまり、Aがない）」と気づいたら、「なぜBだとお考えですか？」と問いかけて根拠を引きずり出して、主張と根拠がワンセットになるようにしましょう。

　なぜ（Why?）とオープンクエスチョンで尋ねるのが一般的です。

> F　そうお考えになる理由はなんですか？
> F　〇〇〇というわけですね。なぜ？
> F　なぜ、そう言えるのですか？
> F　なるほど、なるほど、根拠としては？

　ある程度根拠の当たりがつく場合や、そこまでの議論の中で理由らしきものが出てきていた場合は、クローズドクエスチョンで尋ねてみるのもよいでしょう。

> F　〇〇〇というわけで、その理由としては×××ですね？

　「なぜ？」と尋ねて、答えを聞いてよく理解できなければ、さらに「なぜ」を問いかけ、根拠の根拠を尋ねます。そうやって「なぜ？」を何度も繰り返していけ

ば、いつかは筋道の全貌が明らかになるはずです。主張から根拠を1つずつ遡って、論点までをつなげる技です。

M　そんなこと、できるわけありませんよ。
F　なぜ、できないのですか？
M　そんなことをやっている時間がないんです。
F　どうして、時間がないのですか？
M　他にやるべきことがあるんです。
F　なぜ、他にやるべきことがあるのですか？
M　そっちを優先しろと、部長が言っているからです。
F　なるほど、そういうことですか……。

技法2　So what?で主張を引っ張り出す

これとは逆に、根拠（らしきもの）だけを言っている人から主張を引っ張り出すことも必要となります。

議論の中で「……なんですよね」と他人事みたいに解説してくれる人はいませんか。たいていは一般論や事実が多く、肝心の主張がありません。評論家タイプの人にこういう発言が多いです。

こういう発言には、「だから何？」（So what?）「なので？」の質問を使って、主張を尋ねます。

M　やっぱり世の中の流れはダイバーシティですよ。
F　だから、何ですか？
F　それで、何をおっしゃりたいのですか？
F　なので？
F　で、ご意見は何ですか？
F　そうすると、おっしゃりたいのは？
F　……というと、どうなりますか？

これも、ある程度主張の当たりがつく場合は、クローズドクエスチョンで確

かめます。

F ○○○というわけで、ご意見としては×××ですね？
F なるほど。○○○である、したがって×××だ、ということですか？

同じく、「だから何？」と1回尋ねても理解できなければ、「だから何？」を何度も繰り返して、主張を引っ張り出すようにします。先ほどとは逆に、論点から根拠を1つずつつなげていって、最後の主張を見つけ出す技です。

M ○○○を優先しろと、部長が言っているんですよ……。
F だから何なんですか？
M 他にやるべきことがあるんです。
F それで、何をおっしゃりたいのですか？
M この仕事をやっている時間がないんです。
F ……ということは？
M そんなことできるわけがないと思うのです。
F なるほど、そういうことですか……。

図 2-2 ｜ Why? と So What?

こんな発言にだまされるな

発言を聴いて、根拠や主張がなければそれを問いかける——実に簡単なことのように思えますが、実際にはなかなか難しいです。

たとえば、自己アピールしようとしたり、勢いで相手を納得させてしまおうとしたりする目的で、もっともらしいことを誰かが断言口調で発言することがあります。すると、その勢いに惑わされて、根拠や主張が欠けているのに意外に気づかないものです。

M　やっぱり「人」が企業経営の根幹だよ。
F　そうですよね、人が企業経営の根幹ですよね……。

M　そんなことやっても意味がない！
F　そうですか、意味ありませんか……。

これでは、議論は深まっていきません。そうならないよう、筋道が見えない発言へのアンテナを少しずつ磨いていってください。

M　やっぱり「人」が企業経営の根幹だよ。
F　そうですよね……。でも、なぜ「人」なのか、そこのところをもう少し説明していただけますか？

「原因と結果」をつなげる

「主張と根拠」は、「原因と結果」のつながり方をとるケースが多くなります。主張＝結果、根拠＝原因となるのです。

「原因と結果」は因果関係とも呼びます。私たちは、「……だから……だ」という語法で、頻繁にこの因果関係を会話の中で用います。乱用するあまり、ときには「本当にそれが原因なの？」と怪しい場合でも、深く考えずついつい「……だから……だ」と発言してしまいがちです。

ファシリテーターは、第一段階として、発言の中で何が原因部分で、何が結

果部分なのか、それをまずはっきりさせましょう。

M　パンフレットの出来がどうにも悪いんだよね……。
F　なので?
M　いや、だから、売上がさっぱり上がらないんだよ。
F　なるほど。パンフレットが悪いのが原因で売れない、というわけですね?

こうやって一度はっきりさせておけば、「売れない原因は他にはないのでしょうか?」といった、筋道のチェックにつなげていきやすくなります。

「目的と手段」をつなげる

もう1つ、つながり方でよくあるのが「目的と手段」です。

私たちは手段に一所懸命になりすぎて、よく元々の目的を忘れて、思いつきの手段に飛びついてしまいがちです。ある目的を達成する手段は1つだけとは限りません。にもかかわらず、他の可能性を考えずに済ませてしまうことも少なくありません。

そこで、議論の中では、手段に対して目的を再確認したり、目的を踏まえた上で手段を考えてもらったり、という局面がしばしば登場します。

ここでもファシリテーターは、まず、何が目的(〜何のために?)で、何が手段かをはっきりさせる役割を果たしましょう。

A　この事務所でもあいさつ運動をしたらどうかな?
B　お、いいかもね。誰が音頭を取るんだい?
A　そうだなあ、誰がいいかなあ……?
F　ちょっと待ってくださいね。そもそも、あいさつ運動は何のためにするんですか?
A　そりゃあ、この事務所のコミュニケーションをよくするためさ。
F　なるほど、事務所のコミュニケーションをよくするのが目的だというわけですね。

技法３　筋道をメンバーと確認し合う

　こうやって筋道が明らかになったら、最後にファシリテーターが筋道をまとめるとよいでしょう。確認の意味もありますが、本人にもメンバーにも「主張と根拠」という構造を認識してもらうためです。

　論理の構造を明確に示すのが接続詞です（コラム参照）。「なぜなら」「それは」「だから」「したがって」などを意識的に使って、筋道を示します。

- F　要するに、おっしゃりたいのは『〇〇〇である。なぜなら、×××だからだ』ということですね？
- F　つまり、『△△△のためには、〇〇〇すべきである。それは、×××だからである』ということを、おっしゃっているのですね。

　また、その結論と根拠を、ホワイトボードや模造紙に書き出して見えるようにしていきます。

　特に、因果関係の場合は、原因から結果に向けてちゃんと矢印を引いてあげてください。言葉のやりとりだけだと、すぐに原因と結果をごちゃまぜにして混乱してしまいます。矢印は混乱しないためのおまじないなのです。

図 2-3 ｜ 主張と根拠を表す

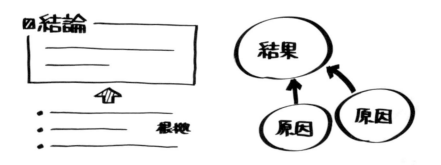

実践のヒント②

Q ロジカル・ディスカッション以前に、ファシリテーターである自分が要領よく話せません。どうしたらよいでしょうか？

A まず、「……で、……となりまして、それで、……ですが、……」といったしゃべり方はやめましょう。「。」で文を短く切って話すようにしてください。

次に、文を切った上で、接続詞を的確に使うようにします。そうすることで、文を切っても、それぞれの文のつながりが明確になります。

接続詞には、意味があいまいなものと比較的はっきりしているものがあります。たとえば、「それで」「で」「そして」「それから」といった接続詞は意味があいまいです。多用してしまいがちになりますが、ダラダラと文をつなげている印象になってしまいます。

次のように、文と文の意味上の関係を見極め、的確な接続詞をピタッとはめ込むようにしましょう。

　・理由を説明する：なぜならば、というのも

　・結論を導く：だから、したがって

　・いくつかある項目を順に説明する：はじめに、次に、…

　・述べたことのポイントをいったんまとめる：つまり

　・逆の意見をつなげる：しかしながら、けれども

　・意外な事実を示す：ところが、にもかかわらず

　・補足的だが理解に役立つ情報を付け加える：ただし

　・事実や意見を対比させる：一方

これら接続詞は、論理的な構造を明確に表現したい時には特に有用です。もっと深く学習したい方は、石黒圭『文章は接続詞で決まる』（光文社新書）を読んでみてください。

==（基本動作⑤）筋道の歪みを正す

根拠の妥当性を高める

　筋道が明らかになったら、筋道が妥当なものかを調べていきます。まずは、根拠の妥当性に疑いの目を向けます。

　根拠そのものが客観的事実なのか、それ以外（その人の思い込み－その人の心の中では事実と思われていることも多い、好き嫌い、証明不可能なこと、抽象的など）なのか、をはっきりさせましょう。

　その上で、根拠がなるべく次の条件を満たすよう、信頼性を高めていきます。

・具体的であること
・個人的な観測や伝聞ではなく事実であること
・誰でもその同じ事実を繰り返し確認できること
・どんな対象についてどのように観察したのか明示できること

　たとえば、商品の改善策を話し合っている状況を想像してみてください。

　M　もっと性能をアップさせなくちゃ。
　F　なるほど、なぜそうお考えですか？
　M　ユーザーからの要望が強いから。

　「主張と根拠をワンセットで捉えよう」の考え方が起動して、根拠を引き出したのはOKです。ただ、この根拠は抽象的ですし、事実かどうか怪しいところです。こういうときにファシリテーターは、

　F　ユーザーからの要望を具体的に説明するとどういうことですか？
　F　実際にはどのような要望が、どれくらいあったのですか？

と投げかけ、**具体的な事実**を根拠として引き出すようにします。

080

技法1　根拠となる事実を引っ張り出す

一方、こんなやりとりはどうでしょうか。

M　昨日社長に「最近顧客からのクレームが増えているぞ」と言われてしまいました。
F　だから、何なのですか？
M　なので、クレームへの対応方法を考えねばなりません。

　主張を引っ張り出すことは成功しましたが、根拠はどうでしょうか。「社長がそう発言した」ことが事実であるかどうかは大した話ではありません。「顧客からのクレームが増えている」ことが事実か否かが重要なことです。残念ながら、「社長がそう言っている」では伝聞情報にすぎず、これだけでは事実とはいえません。
　そういうときは、ファシリテーターとしては、次のように投げかける必要があります。

F　顧客からのクレームが実際に増えているデータか何かをお持ちではありませんか？

　ファシリテーターは、こうやってなるべく客観的な事実を引き出すように努力するわけです。
　事実の中には、事実のような顔をして、ちょっと調べてみたら「違うじゃないか！」というものがあります。たとえば「昔に比べて、少年による殺人や放火が増えている」といった"都市伝説"のような話です。
　こういうものは、ちょっとデータを当たってみれば正否が確かめられるはずです。特に議論の前提や出発点となるような事実については、その一手間を省かないようにしてください。

M　最近の日本では、クレーマーが増えているらしいから……。
F　本当にそうですか？　何か裏づけできるデータをお持ちですか？

もちろん、いつも客観的な事実が出てくるとは限りません。何が事実かは疑い出したらきりがありません。重箱の隅を突いても現実的ではなく、あくまでも多くの人が事実と認める、常識的なところで判断してください。

客観的な事実が出てこなかったら、それはそれで仕方なく、別にその人を非難する必要はありません。持てる限りの事実でもって、主張と根拠のセットを引き出していけばよいでしょう。

事実でない根拠に対しては、その根拠から導出された結論を受け入れるほうが妥当なのか、それとも拒否するほうが妥当なのかを、後で議論していくことになります。

技法2　論理の飛躍をチェックする

次に、主張と根拠の間がすんなりとつながるかどうかをチェックします。よくあるのが、根拠と結論の間が空きすぎている**論理の飛躍**です。次の例を見てください。

　　　M　あいつは、高校のときにはキャプテンだったから、課長に適任だ。

「キャプテンだった」という根拠は説明されていますが、「課長に適任」という主張につなげるには、距離が遠すぎます。間が抜けているのです。その場合には、間の理由を引き出す必要があります。

　　　F　なぜキャプテンだったら、課長に適任なのですか？
　　　M　キャプテンをするとリーダーシップが身につくからですよ。
　　　F　なるほど、リーダーシップが身についているから、課長に適任なのですね。

これで、根拠の妥当性はともかく、論理の飛躍はなくなりました。こういったやり方を**演繹法**と呼びます。必ず覚えてほしい、論理のつなげ方の1つです。

演繹法をチェックする

序章で「風が吹けば桶屋が儲かる」という話をしました。あれが、典型的な演

繹法です。

　XならばA、AならばB、BならばC、……FならばY、という**推論のステップを繰り返して**、糸をたぐり寄せるように、最後に「XならばYである」を結論づけるやり方です。

・あいつは、高校のときにキャプテンだった
・キャプテンをするとリーダーシップが身につく
・リーダーシップ力のある人は課長に適任だ
・だから、あいつは課長に適任だ

　ところが、演繹法を不適切に使ってしまうと、とんでもない論理を導いてしまいます。演繹法の落とし穴と、それに対するファシリテーターの対処法を見ていきましょう。

図 2-4 │ 演繹法の仕組み

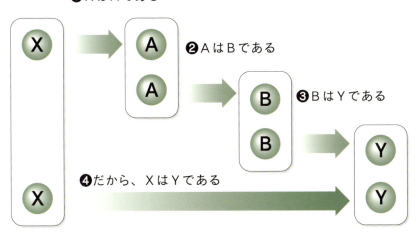

ステップを飛ばしていないか

　話している本人にとっては「自明の理」で、「わざわざ語るまでもない」と本人が思って、推論のステップを飛ばしてしまうことがあります。そうすると、筋道がつながらなくなります。たとえば、

A　さっそくパンフレットをつくり直せ！
B　どうして？
A　だって、新商品の売上が思わしくないんだから。
B　え、どういうこと？

　といった具合です。この人の頭の中には「パンフレットの良し悪しで売上が大きく左右される」という考えがあり、だからパンフレットをつくり直すべきだと思っているわけです。これを隠れた前提とも呼びます。
　みんなで話し合うときには、隠れた前提を持ち合わせていない人もいます。そういう人にとっては、「売上低下」がどうして「パンフレットのつくり直し」という主張の根拠になるのか、さっぱり理解できません。
　そういうときこそ、ファシリテーターが、「推論のステップはちゃんとつながっているだろうか？」「隠れた前提は何だろうか？」と考えて、発言者が省略してしまったステップを表に引っ張り出すようにしてください。

M　新商品の売上が思わしくない。さっそくパンフレットをつくり直せ！
F　どうして、売上が思わしくないと、パンフレットをつくり直さないといけないのですか？　パンフレットの良し悪しで売上が大きく左右されるということですか？

推論が本当に成り立つのか

　２つめの落とし穴は、推論のステップのどこかが間違っていたり、その人の思い込みにすぎなかったりすることです。いくつかのパターンを紹介しましょう。「本当にそうなのか？」と考える姿勢が大切です。

①そもそも前提となる推論が成り立たない

M うちの会社はグローバルスタンダードに従っていない。グローバルスタンダードに従わない企業は遅れている。つまり、うちの会社は遅れているんだ。

F グローバルスタンダードに従わない企業は、本当に遅れているのでしょうか？

②総論（平均）を各論（個別）に適用してしまっている

M 吉本君は大阪出身なんだってね。関西人は騒がしい人ばかりだ。だから、吉本君も騒がしいんだ。

F 「関西人は騒がしい」というのは、おおむねそうであっても、すべての大阪出身の方について言えることなのでしょうか？　平均がそうだからといって、すべての人がそうとは言えないのでは？

③蓋然性の低い推論をつなげてしまっている

M 売上はCMに大きく左右される。CMはおおむねタレントで決まる。タレントはだいたい顔で決まる。だから、美人タレントを起用すれば、売上が上がるはずだ。

F それは「風が吹けば桶屋が儲かる」という話と一緒ですね。個々の話はおおむね正しくても、全体を通してそうと言い切れるのでしょうか？　可能性はあっても、蓋然性は低いのでは？

④ことわざや逸話などの一般論を論拠に使っている

M この善い対策に、皆がすぐ取り掛かりそうな状況なのは分かる。だが、「急いては事を仕損じる」と言うじゃないか。ここはまず慎重に検討すべきじゃないだろうか。

F 「急いては事を仕損じる」というのは一般論ですよね。一方で「善は急げ」という話もありますし。ことわざ"だけ"で結論を導こうとするのは、少しムリがあるんじゃないでしょうか？

帰納法をチェックする

主張と根拠のつなげ方にもう1つ方法があります。**帰納法**と呼びます。もう一度、「あいつは課長に適任だ」の話を思い出してください。

M　あいつは、高校のときにはキャプテンだったから、課長に適任だ。
F　なぜキャプテンだったら、課長に適任なのですか？
M　優秀なA課長、B課長、C課長は、高校のときにキャプテンだったんだ。だから、あいつもきっと適任だよ。

帰納法は、2つ以上の事象（サンプル）から共通点を見つけて主張・結論を導き出す方法です。言い方としては「○○○と、△△△と、……といったことから、×××だといえます」という語法になります。

帰納法の特徴は、「根拠に含まれない新しい何か」を主張することです。先の例では、「あいつは課長に適任だ」については、1つひとつの根拠には含まれていないのに、結論のところでパッと華が咲くように登場してきます。

図2-5 ｜ 帰納法の仕組み

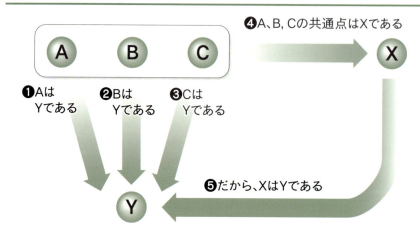

帰納法には必ずある程度の「跳躍感」があります。「そこまで言っちゃっていいんだろうか」という感触ですね。これを「論理の飛躍だ！」と目くじらを立てる必要はありません。逆に言えば、この跳躍があるからこそ、当初は考えもしなかった新しい結論や仮説が生まれてくるともいえるのです。

軽率に一般化していないか

そんな帰納法にも落とし穴があります。一番多いのが軽率な一般化です。少ない事象や偏った事象から、それが多くの場合に成り立つかのように主張してしまう場合です。

ファシリテーターとしては、帰納法で自説を主張する人がいたら、まずは論拠となる事象の質や量が十分かをチェックしてください。「おいおい、その事例だけでそこまでは言えないよ」という一般化のやりすぎがないかを検証するのです。

M　営業部のＡ課長もＢ課長もこのデザインが気に入らないと言っていたよ。やっぱり、このデザインは悪いんだ。

F　１人や２人の意見でさっさと結論づけてしまってよいのでしょうか？ 営業部以外の人の意見や、もっと若い人の意見も聞かなくてよいのでしょうか？

ここで疑問に思われるのは、「何人集めれば、論が成り立つのか？」だと思います。残念ながら答えはありません。みんなが「なるほど、その通りだ」と思えるような、量と質をそろえる、としか言いようがありません。

それに、何かのアイデアが生まれるときなどは、２つ、３つの事象から「あれ、これはひょっとすると○○○ということかもしれない」というヒントが生まれることもあります。"ちょっとやりすぎ"の一般化を誰かがして、それが出発点になることも多いのです。

したがって、「少ない事例に基づいて一般化している」状態に突っ込みを入れるときは、相手があまりにも軽率だったり、素朴に結論を信じ込んでいる場合に限定したほうがよいでしょう。

間違った共通点に着目していないか

　帰納法では主張（結論）が１つにスパッと決まりません。どの共通点に着目するかで結論が変わってくるからです。有名な事例を紹介しましょう。

　　事象１：シャンパンを飲むと酔っ払う
　　事象２：ビールを飲むと酔っ払う
　　事象３：ジンフィズを飲むと酔っ払う
　　結論　：炭酸を含む飲料を飲むと酔っ払う

　お分かりのように、正しくは「アルコールを含む飲料を飲むと酔っ払う」です。炭酸という間違った共通点に着目してしまったために、とんでもない結論になってしまいました。
　このように、事象から取り出す共通点なら何でもよいというわけではなく、適切なものを取り出さないと、誤った結論づけをしてしまいます。ファシリテーターとしては他に共通点がないかを考え、相手に問いかける姿勢が重要となります。

　M　あいつは、高校のときにはキャプテンだったから、課長に適任だ。
　F　なぜキャプテンだったら、課長に適任なのですか？
　M　優秀なＡ課長、Ｂ課長、Ｃ課長は、高校のときにキャプテンだったんだ。だから、あいつもそうなるよ。
　F　ちょっと待ってください。たしか、Ａ課長、Ｂ課長、Ｃ課長は、若い頃に海外駐在を経験していますよね。キャプテンではなく海外経験があるかどうかで、適正を判断するべきではないでしょうか？

因果関係は特に丁寧に扱う

　演繹法でも帰納法でも「原因→結果」の筋道は入念なチェックが必要です。「本当にこの結果の原因がこれなのだろうか？」を立ち止まってチェックするということです。実社会の話は因果の証明が難しいという事情もありますが、多く

の人は因果関係の飛躍にはおそろしいほど無頓着です。たとえば、次のような怪しい因果関係が、会議の中では横行しています。

・苦労して作った商品だから、ヒットするに違いない
・業績が上がったのは、成果主義を導入したからだ
・部門の壁が高いから、工場の不良率が下がらないんだ

　落ち着いて考えると、かなり飛躍した因果関係だと分かるはず。こんな話をもとに論理を組み立てると、とんでもない結論を導いてしまいます。
　因果関係が妥当かどうかは、4つの観点からチェックします。

1）相関関係が成り立つか

　先ほどの1番目の例でいえば、苦労してつくった商品はヒットして、苦労しなかった商品はヒットしなかったという共変する関係が存在することを確かめます。原因の部分を逆にひっくり返せばチェックできます。

　　M　苦労してつくった商品だから、ヒットするに違いない。
　　F　じゃあ、苦労しなかった商品はヒットしなかったのですか？

2）原因と結果の取り違えではないか

　実は、原因と思っていたものこそが結果で、結果と思っていたものが原因かもしれません。因果の方向を逆に取り違えていないかチェックします。

　　M　苦労してつくった商品だから、ヒットするに違いない。
　　F　ヒットすると分かっていたから、苦労してつくったのでは？

3）隠れた原因こそが真因ではないか

　何か別に共通の原因があって（これを第三因子と呼びます）、その影響を受けた事象（結果）同士に因果関係があるように見えることがあります（例：半袖姿の人の割合とビールの消費量。これらの間に因果関係はなく、気温上昇という共通の原因が隠れているだけです）。そんな、隠れた本当の原因がないかを確

かめるようにしてください。

    M　苦労してつくった商品だから、ヒットするに違いない。
    F　高度な機能を盛り込んだから、つくるのに苦労をしたし、ヒットしたと
　　いうことはありませんか？

4）他に大きな原因を見落としていないか

　因果関係が確かにあったとしても、他にもっと大きな原因があり、今考えて
いる原因はメインの原因ではない場合があります。

    M　苦労してつくった商品だから、ヒットするに違いない。
    F　ヒットした原因は他にありませんか？　たとえば、健康ブームとタイミ
　　ングが合ったことが主要因である可能性はありませんか？

因果関係の間をつなぐ

　因果関係でもう１つ気をつけておきたいことがあります。しばしば、原因が
あいまい言葉で語られるため、原因と結果の間に飛躍がある場合です。たとえ
ば、次のような発言を取り上げてみましょう。
　「部門の壁が高いから、工場の不良率が下がらない」
　「部門の壁が高い」ってどういう状態でしょうか？　これはまさに第１章で説
明したあいまい言葉です。こんなあいまいな状態を原因に据えたのでは、的確
な解決方法が見えてくるはずもありません。
　そこで「部門の壁が高い」を、「次工程の作業内容を知らない」「各工程の班長に
頑固者が多く、互いに排斥し合っている」などと具体化します。
　では、次なら納得できるでしょうか。
　「次工程の作業内容を知らないから、工場の不良率が下がらない」
　これはこれで間に飛びがあるように感じます。次工程の作業内容を知らない
ことが、なぜ工場の不良率につながるのか、分からないからです。
　こういうときは、ファシリテーターはホワイトボードなどに書いて見せなが
ら、次のように原因と結果の間をつないでいきます。

F 次工程の作業内容を知らないと、どうなるのですか？
M そりゃ、次工程の人が作業しやすいように製品を流すという意識が全然持てないよね。
F そうするとどうなります？
M 次工程の人は段取りとかに時間を食われるわけさ。
F でも、それがなぜ不良率につながるのですか？
M 決まった時間に流す製品の数は決まっているんだよ。段取りに時間を使ってしまった分、組み立てを余裕をもってできる時間が減るんだ。ミスを減らす余力なんて残ってないよね。

これでようやくつながりました（図2-6）。
このようにして因果の鎖を解きほぐしていけば、因果関係のつながりをチェックでき、しかも、有効な解決策を考えやすくなります。

図2-6 │ 因果の間をつなぐ

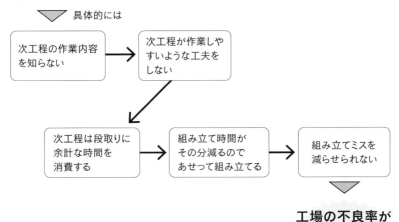

基本動作⑥ 筋道の偏りを正す

筋道は1本だけではない

　演繹法や帰納法を正しく使えば、筋道はできあがります。ただ、ここで安心をしていてはいけません。序章で述べたように、1つの論点に対して何本かの筋道が立てられます。他の筋道も検討した上で結論づけないと、結論の信憑性が怪しくなります。

　「あいつは課長に適任だ」の話に戻ると、リーダーシップがあることだけで課長に適任と結論づけるのは早計です。課長に必要なものが、他にもたくさんあるからです。

　M　あいつは、高校のときにはキャプテンだったから、課長に適任だ。
　F　なぜキャプテンだったら、課長に適任なのですか？
　M　キャプテンをするとリーダーシップが身につくから。
　F　なるほど、リーダーシップは課長に必要なものですものね。でも、他に必要なものがありませんか？　たとえば、知識面はどうですか？　あるいは、管理職としてふさわしい態度を身につけているとか？

　技能面、知識面、態度面、すべて適性がある論拠が見つかれば、確かに彼は課長に適任かもしれません。ここまでやってはじめて、ロジカル・ディスカッションといえます。今度は横の論理を駆使するわけです。

幅広い視点で根拠を確かめる

　我々の視点にはどうしても偏りがあります。自分が都合のよい視点で物事を見がちで、自分の理屈を正当化する根拠ばかり集めることも少なくありません。視点のバランスを欠いたり、ヌケモレもよく起こります。

　もし偏った視点で考えている人がいたら、他の筋道も検討するように質問をして促します。そうしながら、妥当性の高い筋道をつくるように働きかけます。

F　他の視点（考え方）はありませんか？
F　……という視点（切り口）ではいかがですか？

　といっても、筋道は"たくさん"集めればよいというものではありません。闇雲にやったのでは手間ばかりかかって、効率的ではありません。
　今の例でいえば、「高校生時代にキャプテンを務めた」「組合で中央委員長を務めた」「娘の学校のPTA会長を務めた」という根拠をいくら並べても、「リーダーシップ能力がある」という筋道を強化するだけです。他の筋道は検討しておらず、筋道の偏りを正したことになりません。
　少し難しくいえば、独立でない論拠をたくさん並べても、論理性を高めるのにあまり役に立たないわけです。陥りやすい過ちなので、覚えておいてください。
　そうならないためには、視点つまり切り口をたくさん持っておくことが欠かせません。

図2-7　テーマを複数の視点で切る

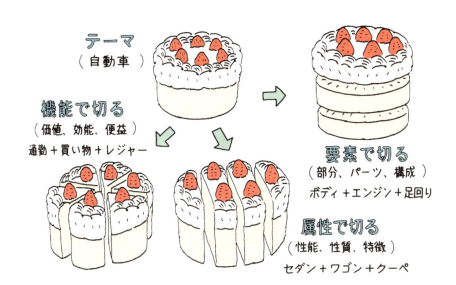

切り口とは文字通り、論点の切り分け方です。先ほどの例でいえば、課長への適性というテーマを、技能面、知識面、態度面の３つの視点で切ってみました。

このように、論点の全体をカバーしつつ、バランスよく検討できる視点。それを持っておけば、効率的に論点が検討できます。

他の筋道を探すときは、まず論点をいくつかの視点に分けます。次に、今の発言がどの視点に対応するかを判別します。その上で、他の視点についてどう考えているのかを、「他にないの？」の質問を使って探っていきます。この繰り返しで、論理の偏りを正していくわけです。

ここでは、切り口の重要性だけ指摘しておいて、その見つけ方は第５章で紹介します。

頭の堅さを打ち破る

「筋道の偏りを正す」という基本動作が役に立つのが、頭が堅い人に対処するときです。

頭が堅い人というのは、視野が狭くて自分の考えから抜け出せない人のことをいいます。言い換えると、１つの目的（原因）に対して、１つの手段（結果）しかないと思い込んでいる人です。

そういう発言に遭遇したら、まずは目的や狙いといった、そもそも論に一度戻してください。上位概念に戻すことで視野を広げようというのです。その上で、他の手段でできないかを考えてもらいます。

M　できるだけ早く、社員全員にファシリテーション研修を受けさせるべきだ。

F　なるほど、ファシリテーション研修ですか。その目的は何ですか？

M　そりゃあ、会議の活性化、ひいては組織の活性化だよ。

F　なるほど、組織の活性化ですか。じゃあお尋ねしますが、その方法はファシリテーション研修しかないのですか？　他に３つくらい挙げられますか？

もし、発言者だけでは、他の視点が考えられないのなら、ファシリテーター

が切り口を提示してあげるとよいでしょう。あなたは、この切り口に固執していますが、こんな切り口で考えることもできるのですよ、と。

> M　できるだけ早く、社員全員にファシリテーション研修を受けさせるべきだ。
> F　なるほど、ファシリテーション研修ですか。いいかもしれませんね。ところで、その目的は何ですか？
> M　そりゃあ、会議の活性化、ひいては組織の活性化だよ。
> F　なるほど、組織の活性化ですか。それでは、研修以外に職場でできることは何かありませんか？　社員1人ひとりが自己研鑽できることとか？それに研修は長期的な取組みですよね。すぐに効果の出る短期的な取組みも考えたほうがよくありませんか？

　また、反対の立場の人だったらどのように反論してくるか、そういう反論をしてくる人にも納得してもらうにはどんな切り口で根拠を示せばよいか、を考えるように促すのも一法です。ファシリテーターが典型的な反論を思いつけば、それをメンバーにぶつけてみてもよいでしょう。

> M　できるだけ早く、社員全員にファシリテーション研修を受けさせるべきだ。
> F　なるほど、ファシリテーション研修ですか。いいかもしれませんね。ところで、その目的は何ですか？
> M　そりゃあ、会議の活性化、ひいては組織の活性化だよ。
> F　なるほど、組織の活性化ですか。でも、どうでしょう、「だからといって、全員が受ける必要はないだろう？」という反論がいかにも出てきそうですよね。その人たちにはなんと説明したら納得してもらえますか？

　このように、頭が堅い人には、縦の論理を上下に揺さぶったり、横の論理で左右に揺さぶったりするのが常套法だと覚えておいてください。

095

検証	3

あなたの検証力は
どこまで通用するか

■理解度を確かめるエクササイズ

演習：値下げをすべきかどうか

　主力商品の値下げを検討する会議をしていますが、思うように議論が深まっていないようです。どのタイミングでどんな働きかけをファシリテーターがすればよいのか、考えてみてください。

A　おっしゃっていることは分かりますが、ここは価格を下げてでも、**数量を取りにいかないと、とても売上目標が達成できません**。今は前年度比20％ダウンという危機的な状況なのをご存知ないのですか？

B　もちろん、知っていますが、**価格を下げて動かなかったらどうなるのですか**。利幅は少なくなるわ、在庫は溜まるわで、赤字に拍車をかけるだけです。Aさんのほうで、リスク回避策は何か考えていらっしゃるのですか？

A　ほら、今はスーパーにしても飲食店にしても、安い業態が繁盛していて、高いものはまだ動きが鈍いじゃないですか。それが今のマーケットを如実に表していますよ。もともと商品力はあるのですから、値頃感さえ出せればきっと動き出しますよ。

C　それは私も同感ですね。市況がなかなか好転しない以上、ある程度の価格の見直しは避けられません。仕方ないですよ。それにあわせて、原価

096

のほうも下げてもらって、値段を下げても成り立つようなコスト構造をつくってもらわないと。

B　何ですって。原価を下げろなんてとんでもない！　改善、改善の連続でやっと、この値段がつけられるところまでコストダウンできたんですよ。簡単に言ってもらっては困ります。

C　この前、日経で読んだんだけど、ここ半年で中国から入る原材料は全般的に下がり始めているそうじゃないですか。たしか、ウチの製品の材料もかなり中国に頼っているんですよね。だったら、下げる余地はあるはずです。

B　それを言うなら、このご時世に、P社もQ社もそこそこ売上を維持しているじゃありませんか。どちらもトップが営業の第一線で陣頭指揮をしていると聞いています。ウチもそういう体制をとるべきですよ。違いますか？

A　分かりました。じゃあ、こうしませんか。ウチも他にならって社長に陣頭指揮をとってもらうと。この商品を値下げするかしないかも、その中で社長に臨機応変に判断してもらうと。であれば、誰も文句はないはずです。

C　分かりました。では、今日はそういうことにしておきましょう。よろしくお願いします。

図 2-8 ｜ 混線した議論

解説：道筋を検証しないと考えが深まらない

　いい加減な議論をした挙句、先送りをしてしまいました。議論のどこに問題があったのか、ファシリテーターがどんな介入をすればよかったのかを、論点別に見ていきましょう。

論点1：値下げのリスク

　まずは、それぞれの論点が合っていないということがあります。典型的なのが、Ａさんです。Ｂさんが、失敗したときのリスク回避策について質問しているのに、成功する理由を説明しています。しかもそれは、世間の一般的な状況であって、この会社のこの商品に当てはまる保証はどこにもありません。

> F　成功する理由はお聞きしましたが、Ａさんがお尋ねになった、値下げのリスクについては、どう考えていらっしゃるのですか？
>
> F　スーパーや飲食店がそうだからといって、我々もそうなると言い切れるのでしょうか？

論点2：コストダウンの可能性

　根拠があやふやなのは、他の2人も同じです。原材料の価格が全体的に下がっているからといって、実際にこの商品が使っている原材料の個別の価格が下がっているかどうかは分かりません。一見、いわゆる三段論法を使ってうまく理由づけをしたようですが、かなり怪しい推論です。

> F　"全般的"に下がっているというのは、下がったものも上がったものもあり、平均では下がっているという意味ですよね。だったら、我々が調達している資材が下がっているかどうかは、個別に見ないと分からないんじゃないでしょうか？

論点3：社長の陣頭指揮

　Ｐ社とＱ社の取組みの話も同じで、たった2社でうまくいっているからといって、社長が陣頭指揮をとればうまくいくと言えるのでしょうか。つまり、こ

れは一般化のしすぎではないでしょうか。

　あるいは、Ｐ社とＱ社は、たまたまとっている販売戦略が同じで、それでうまくいっているということはないのでしょうか。社長の陣頭指揮は見せかけの原因かもしれません。この事例だけで、社長に陣頭指揮をお願いするには、あまりにお粗末な考察です。

　　Ｆ　Ｐ社とＱ社の成功例だけで、社長が陣頭指揮をすればうまくいくと言えるんでしょうか？　逆に、社長が陣頭指揮をして失敗した例はご存知ないですか？
　　Ｆ　Ｐ社とＱ社の共通点は他にありませんか？　販売戦略が同じだったとか、大量に資金を投入したとか……。

論点4：販売促進策の検討範囲

　さらに問題なのは、思い込みがあるせいか、価格の話しかしていないことです。販売促進策を考える、商品の魅力をアップする、新しいチャネルを開拓するなど、他の方策もあわせて検討すべきです。

　しかも、顧客や自分たちの話は出てきますが、ライバルが我々の値下げにどう対抗するかなど、競合がまったく視野に入っていません。

　　Ｆ　先ほどからPrice（価格）の話ばかりが議論になっていますが、4Pでいうところの、Promotion（販促）やPlace（流通）は考えなくてもいいのでしょうか？
　　Ｆ　自分（company）たちの取組みとお客（customer）の反応について議論するのはいいのですが、もう1つ、ライバル（competitor）がどう出てくるかも検討しておく必要があるのではないでしょうか？

　こんなロジカルでない議論を続ける連中に任せるのは、かなり危険です。そういう意味では、社長に判断してもらったほうがマシかもしれず、妥当な結論に落ち着いたのかもしれませんね。

検証力を高めるトレーニング

主張と根拠をつかむ　その1

　雑誌でも本でも、気の向くままページを開いてください。好きなところから読んでいって、主張のところに「──」線を、根拠のところに「～～」線を引いていきます。主張と根拠をつかむ力と高めるためのもっとも基礎的なトレーニングです。

主張と根拠をつかむ　その2

　皆で話し合いをするときに、やれる練習です。手元の紙に「主張」「根拠」と書いてください。

　皆の発言を聴きながら、その発言の中で主張だと思うものを主張欄に、根拠だと思うものを根拠欄に埋めていきます。

図2-9 | 手元メモのイメージ

根拠の妥当性をチェックする

　上の「その1」「その2」どちらの練習でもよいので、その練習をしながら、比較的客観的だと思える根拠を○で囲み、その人の意見や憶測、思い込みにすぎないと思う根拠を△で囲んでいきます。

疑う練習をする

　新聞や雑誌などから、小記事や論説をサンプルとして持ってきます。

　それを読みながら、「そもそも前提が成り立たない」「軽率に一般化している」「因果が飛んでいる」といった、本章で紹介した落とし穴にはまっている部分はないかを検討します。

　見つかったら今度は、もし自分がこの場でファシリテーターだったらどういう投げかけや問いかけをするか、口に出してシミュレーションします。

複数の視点から根拠を考える

1. 「……するべきか否か？」というお題をいくつか用意します。ディベートに関する本を参考にすれば、いくらでも手に入るでしょう。
2. お題を1つ選び、自分の主張を「するべきだ」「するべきでない」のどちらかに決めます。
3. 根拠を3つ考えます（1つでは練習になりません）。単なる自分の意見や好みではない根拠を考えるよう努力します。また、それはどういう視点からの根拠なのかも付記しましょう。できるだけ短時間、1～2分が目安です。
4. 主張と根拠をお互いに紹介し合い、同じ「するべきだ」同士（あるいは「するべきでない」同士）でもさまざまな根拠が考えられることを知るとともに、どの3つの根拠セットがよさそうかを議論します。また、反対の主張の人の根拠を理解し、この反論に答えるにはどうしたらよいかを議論します。

「なぜ、なぜ」の連鎖づくり

1. 身の周りで気になっている事象を取り上げ、「なぜ……なのか？」という論点を設定します。それを模造紙の真ん中に書きます。
2. 思いつく原因を皆で付箋に書いて貼っていきます。その際、必ず原因から結果の方向に矢印を引いてください。また、以下の3つのポイントを意識して演習を進めます。
    ①他に原因はないのか？
    ②その原因の原因は何か？
    ③結果と原因の間に飛びがないか？

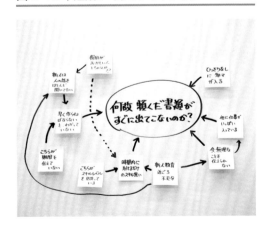

図2-10 │ 連鎖づくりのアウトプット

検証 | 4

現場で使える実践的な
検証テクニック

関係性に配慮して介入する

論理は否定しても人格は否定しない

　論理をチェックされるのは、受け手側からすると、あまりよい感じのするものではありません。「あなたの論理が歪んで（偏って）いますよ」と知らせるわけですから、少なからず相手の面子を傷つけてしまいます。そうなると、意固地になって、歪んだ論理にしがみついたり、詭弁や強弁を弄したりするようになります。質問と詰問は背中合わせなのです。

　そうならないためには、ヒトとコトを分けることです。ヒトとは発言者の人格であり、コトとは主張の内容すなわち意見です。

　私たちは、自分の意見の妥当性に対して懐疑の目を向けられると、人格を否定されたと思いがちです。あくまでも、ファシリテーターが介入するのは主張の妥当性であって、その人の人格や世界観ではありません。そのことを言葉や体でしっかりと伝える必要があります。それが、検証がうまくいくかどうかの分かれ道になります。

相手を受け止める大切さ

　まずは、いきなり検証の質問をぶつけるのではなく、相手の話をいったん受け止めてから、やるようにしてください。それだけでも、後の質問を受け入れやすくなります。基本的には、前章で紹介をした、相手の言葉を繰り返す技を

使います。

F　なるほど。……と考えていらっしゃるのですね。なぜ、そう思うのですか？

F　今の……というご指摘ですが、その理由をお聞かせ願えませんか？

しかも、このように、本当に相手に尋ねるような調子で質問をしてください。馬鹿にしたような口調だと、相手は素直に質問を受けつけてくれません。こちらの誠意を伝えることが大切です。

また、質問するときに、「なぜ？」「なんで？」は要注意。どうしても、相手を問い詰める感じになるからです。そればかりだと、いつかは詰問になってしまいます。Whyばかりではなく、5W1Hを適度に使い分けると、連続してもきつい感じが多少和らぎます。**なかでも使いたいのはWhatです。**

F　なぜ、そう思うのですか？（Why）

F　その理由（根拠）は何ですか？（What）

F　どんな理由（根拠）が考えられますか？（What）

F　その理由（根拠）はどこにありますか？（Where）

F　それは、どんなふうに説明がつけられますか？（How）

また、「あなた」（You）を主語にすると、どうしても問い詰めているような感じになるので、「私たち」（We）で考えているような問いかけの工夫も必要です。

F　なぜ私たちは、そんなふうに考えるのでしょうか？

F　私たちは、それをどう考えたらよいのでしょうか？

目上の人へのツッコミ

さらに、相手が目上の人のときは要注意。論理の歪みを認めさせたものの、相手の気分を害してしまい問題児に変身させてしまったら、元も子もありません。

103

基本は、持ち上げてよい気持ちにさせてから、すっとぼけてチクリと刺すやり方です。「素晴らしいご意見をありがとうございます」「なるほど、さすがは○○さんです」と「ほめ殺し」した後で、次のようなクッション言葉を頭に添えて"慇懃無礼"に切り込んでいくのです。

- F 多分私の勉強不足のせいだと思いますが……
- F 私は頭が悪いので、1つ教えてほしいのですが……
- F 私が皆さんの代わりに、あえてお聞きしますが……
- F 1点だけ念のために確認させてほしいのですが……
- F 聞き漏らしてしまったようなのでもう一度お願いしたいのですが……
- F 議論を面白くするためにお聞きしてみたいのですが……

体のメッセージも活用する

余談になりますが、こういうときは、少しお馬鹿なふりをしてやるとうまくいきます。

「私はもの覚えが悪いもので……」ととぼけながら、分かりきったことから1つひとつ確認していく。相手への精一杯の敬意と親近感を表しながら、少しずつ核心を突く質問に迫っていく。かつて人気を博した推理ドラマの刑事が使っていたツッコミの技です。

逆に、自分のロジックに対して中途半端な自信がある人には、不安をあおるために、ファシリテーターが強く出ることがあります。これも、別の推理ドラマで名探偵が使っていたスタイルです。

腕組みをして考え込むしぐさをしながら、「あれれ、先ほどの話とは食い違いがありますね」と論理の矛盾を鋭く突いていきます。こちらも完成されたツッコミの技だといえます。

図 2-11 | ツッコミのポーズ

さらに余談になりますが、ファシリテーターの立ち位置も案外重要です。

ファシリテーターが学校の先生のように正面に立って、みんなのロジックをチェックしていくと、完全な仕切り屋スタイルになります。テーマと相手を選んでやらないと、参加者は追及されているような気持ちになり、防衛的になってしまいます。

そうではなく、参加者とナナメの関係で位置取りしたり、発言者の側に寄り添って一緒にホワイトボードを眺めれば「一緒に考えよう」という気持ちが生まれてきます。さらに、会場の後ろや隅から「我々は本当にそれでよいのでしょうか？」と指摘することで、ファシリテーターとメンバーの一体感を醸成するのもよいでしょう。

このように同じ指摘をするのでも、スタイルによって相手へのプレッシャーや与える効果がずいぶん変わってきます。どれが最適というものはなく、自分のキャラクター、相手との相性、場の状況などを考えて、効果的なスタイルを選ぶようにしましょう。また、そうしながら、自分流のスタイルを確立してください。

沈黙に耐えよう

そうやって、論理を検証する質問をするなり、相手が即座に答えないので、すぐに二の句をついでしまう人を見かけます。これはあまり感心しません。「なぜ？」「どうして？」という質問に対しては、少しばかりの考える時間が必要となるからです。また、それを与えないから、質問が詰問になりがちになるのです。

そうしないためには、沈黙に耐える勇気を持っておいてください。ファシリテーターが質問をしたからには、ボールは相手にあるわけです。こちらがあせる必要はなく、じっくりと考えてもらうようにしましょう。頭の中で10数えて返答を待てばよいのです。

それでも相手が答えなかったら、それこそTVドラマの刑事のように「急には答えられませんよね。少し待っていますからゆっくり考えてください」とやればよいのです。そこまでやれば、必ず何らかの答えが得られるはずです。

105

こんな詭弁にどう対処する？

ピンチ到来！

　ロジカルに議論をときほぐしていくと、訳の分からない発言が少しずつはっきりしてきて、議論がかみ合うようになり、いいことづくめのように思います。実は、そうばかりとも限りません。屁理屈をこねたり、議論のための議論をする輩も出てくるからです。

　たとえば、「新しい人事制度を導入すべきだ」と主張したとしましょう。理由を訊かれて「これがグローバルスタンダードだからです！」と強い調子で言ったところ、きっとこの制度を導入しないと世界から取り残されてしまうのだろう、と皆が"なんとなく"納得してしまいました。気合や雰囲気で議論をしていれば、こんなふうに、たいした反論もなく通り抜けられることも、実際には多いのです。

　ところが、理路整然と「これこれこういうメリットがある」「こんなデメリットが想定されるが、それはこんなふうに克服できる」と理由を述べ始めると「あ、そういうデメリットがあるのか……」「やっても本当に大丈夫なのか？」と相手にツッコミどころを気づかせることになります。「いや、それだけの費用をかけるのはいかがなものか」など、下らない反論を言い出す人も出てきます。

　ロジカルな議論は本来的に突っ込まれやすいのだと認識してください。話の筋を通そうとすると、そこを細かく突いて反論してくる人が出てくる可能性があるからです。

　勘違いしてほしくないのですが、反論そのものは新しい視点を提供してくれており、むしろ歓迎すべきです。基本的には、その反論を受け止め、根拠を尋ねていくことで議論の質が上がるはずです。

　問題なのは、新しい視点を提供するわけでもない、単に相手の言い分を潰すだけのツッコミです。詭弁や強弁とも言えるでしょう。ここでは、典型的なツッコミと、それへの対処の原則を見ておきましょう（参考文献：船川淳志『ロジカル・リスニング』ダイヤモンド社、飯田泰之『ダメな議論』筑摩書房）。

100%攻撃

何か主張する際、しっかりとデータで裏づけをしたり、かなり説得力の高い根拠を述べたときに、窮した反対派から必ず出てくる反論があります。

M それは100%正しいと言えるのかね？
M その可能性はゼロとは言えないだろう？

これは強烈なノックアウトパンチです。この世の中には100%正しいと言い切れるものなどまずありません。同じように、ゼロとは言えないことがほとんどでしょう。しかしながら、我々が議論しているのは自然科学の問題ではありません。自分たちの問題について判断できるだけの信頼度があればよいことを伝えましょう。

F 100%正しいかどうかではなく、A案とB案でどちらが妥当かで議論したほうがよくないですか？
F 可能性はゼロとは言いませんが、妥当性はどこにあるのでしょうか？

極論攻撃

100%論法と似ていますが、極論を引き合いに出して、相手の意見を叩き潰そうとする反論法です。たいていは「……したら、どうするんだ？」という語法を取ります。たとえば、新システム導入について話し合っているときに、

M 新システム導入のメリットは分かった。だが、システムを入れて、皆が机に張りついて、外に出かけなくなったらどうするんだ！

といった具合です。どんな打ち手にもマイナスの側面はありますから、そこを思いっきり強調すれば、たいていの場合こういう反論ができます。ファシリテーターの対処としては次のようになります。

107

F　そこまで言ってますかね？／その可能性はどの程度ありますか？

　ここまで極端でなくとも、これまで実行してきた施策をやめるときなど、「悪影響（マイナス効果）が出るのでは」という反論が必ず出てきます。この場合の対処の基本は「逆を考えるように仕向け、天秤にかける」です。

M　その施策をやめて業績が下がったらどうするのか？
F　「やめて業績が下がる可能性」と「やめずに業績が下がる可能性」を天秤にかけ、どちらがもっともらしいかを考えませんか？

　もしどちらも同じぐらいの確率なのであれば、業績の観点からは、やめようがやめまいがどちらでもかまわないということになります。

完全な解決策攻撃

　「これで問題がすべて解決できるわけではない」という論法です。そりゃそうですよね、1つの施策で問題を全部解決できることなど滅多にありません。でも、他にこれよりもよい施策がなければ、少しでも解決に近づくなら何もしないよりはマシです。絶対論を相対論に変換するのです。

M　この施策で当社の抱える問題がすべて解決できるわけではない。
F　おっしゃるとおりです。しかしながら、他によい施策がなく、これで少しでも解決できるのなら、やる価値はあるのではないでしょうか？

　これとよく似たものに、

M　この施策で赤字解消ができるのか？　できないだろ？　だからこの施策は有用ではない。

　という論法があります。ここには「この施策"だけ"では赤字解消ができない」という言い分が隠れています。ですから、ファシリテーターはここを指摘していきましょう。

F それは、この施策"だけ"では○○○できないということですよね？　他の施策も同時に必要だということをおっしゃっていますよね？　この施策が不要だということにはならないと思いますが、いかがですか？

「真の」「本当の」攻撃

「真の／本当の○○○はそんなもんじゃない／そんなものだろうか」と相手をやり込める方法です。何か部門として重要な取り組みをする際、第一歩をスタートする小さな取り組みを扱うときなどに、

M そんな小手先の手法で、本当の意味での生産改革ができるだろうか。

という意見が必ず出てきます。たいして考えなくても、誰でもお手軽にできる論法なので、出現頻度はかなり高いと思います。

この種の論法の特徴は、その人の考える「真の／本当の○○○」を説明せずに「そんなもんじゃない」「……と言えるだろうか？」と繰り返すところにあります。ファシリテーターは「真の○○○って何ですか？」と尋ねて、その中身を確認するところからスタートすることになります。

ただ、「真の○○○」など明確に規定できないことがほとんどで、これを尋ねても議論をさらに泥沼化させることになりかねません。そういう場合は、あえて「真か、小手先か」の二項対立の議論に入らず、両方が一体であることを伝えたほうが得策です。

F まずは第一歩を踏み出さないことには、本当の意味での生産改革に到底到達できないんじゃないでしょうか。

紋切り型攻撃

いかにも賢そうに、しかもロジカルそうに紋切り型の句を繰り出して、相手の主張を引っ込めさせる方法です。代表的なものを挙げれば「それは論理的でない」「それは手段の目的化だ」「議論を矮小化している」「それは単なる形式論

だ」「それは戦術にすぎない」などです。

　本当にそのとおりの状況である場合もありますが、単に相手の発言を潰すために言う場合も少なくありません。どちらの場合にせよ、ファシリテーターの対応は同じです。相手の言い分を具体的に確認していくことになります。

　　F　どのあたりが論理的でないですか？
　　F　どこが、手段の目的化になっていますか？

ファシリテーターが火炎放射を浴びたら

　話がややこしくなってファシリテーターが、メンバーから攻撃を受けることがあります。たとえば、次のようなフレーズです。

　　M　あんたは知らないけど、この世界じゃ……に決まってんだよ。
　　M　あんたは門外漢なんだろ？　素人に言ったって分からないよ。

　基本は、逃げずに踏みとどまる、です。「おっしゃるとおりかもしれません。だったら教えていただけませんか？」とへりくだって尋ねてみましょう。その答えを、相手の気が収まるまで、「……とおっしゃるんですね」と共感の気持ちをもって受け止めていきます。

　それで、少し気が収まってきたら、本章で述べた基本の４つの質問、「なぜ？」「で、何なの？」「本当？」「他にない？」を繰り出していきます。そこから切り込んで、自らの思い込みに気づかせるのです。

　そうやっていると、「じゃあ、あんたは、どう考えているんだよ？」とファシリテーターに食ってかかる人が出てくるかもしれません。そういうときもあわてず、「門外漢の私の意見を聞いても仕方ないですよね。あなたは、どう考えているのですか？」と、本人に投げ返しましょう。

　それに、ロジックをつくるのはファシリテーターではなく、会議メンバー全員の責任です。困ったときは「皆さんは、どう思いますか？」とメンバーに投げ返すと、必ず誰か助けてくれる人がいます。なるべくメンバーvsファシリテーターという１対１の関係に陥らないように注意してください。

第3章

整理する
Classification | 3

基本動作⑦　テーマを分解する

基本動作⑧　意見を分類する

整理 | **1**

なぜ問題が
解決しないのか

■「飛びつき病」と「一律病」

　皆さんの会社で、こんな病気が蔓延していないでしょうか。

　たとえば、「コストを削減せよ」という号令がかかり、削減策を考えねばならなくなったとしましょう。

　誰かが思いつきで「みんな、タクシーに乗りすぎだよ。タクシー利用を禁止しよう」と提案したとします。皆、心の中では「他にも手があるんじゃないかなあ……」と首をかしげつつ、確かに妙案の1つなので、それを会議の結論としてしまった。これが「飛びつき病」です。

　実際には、タクシー代を皆で一所懸命削っても月に10万円程度。それよりは、ムダな接待を1回削るほうが、効果が大きいかもしれません。飛びつき病のために、あまり効果が出ないことを、必死にやるハメに陥ってしまったというわけです。

　これに対して、「じゃあ、全費用一律20%カットだ」というのが「一律病」です。「だって、こんな厳しい状況だろ。削れるものは全部削れ」「個別に事情を言い出したらキリがないので、平等に削ろう」というのが理屈です。

　これをやっていると、新商品の開発費のように、今削ってはいけないものまで削ってしまうことになるかもしれません。それに、あの手この手とすべて対策できるだけの資源や余力があればよいですが、そうではないことがほとんどです（すべてに手が打てる資源を持っているなら、ロジカルなディスカッションなど不要です。考えられることすべてに手を打っていけばよいわけです）。

112

結局、あれもこれも全部やろうとして、どれも中途半端で終わってしまった、となるのがオチです。

組織にはびこる「飛びつき病」と「一律病」。要は、考えるのが面倒なので、問題を"解決"するのではなく、問題を"処理"してしまおうというものです。これでは組織がうまく回るわけがありません。

「飛びつき病」を避けるには、ヌケモレなく検討することです。「コストにはどういう要素があるのかな？」と、いったん分解します。A、B、C、Dと4つの要素があったとしましょう。その上で、その中で全体のコストに占める割合が大きく、コスト削減余地が大きいのはどの要素なのか、を考えていきます。そうすれば、目についた問題に飛びついて、もっと重要な箇所を見落としてしまうことがなくなります。

「一律病」も同じです。いったん全体をいくつかの要素に分解しておけば、「あれもこれも全部やれ」ではなく、特に重要なところを選び出してそこに努力を集中することができるでしょう。

▰「分け上手」は「まとめ上手」

何か問題が起こったときには、思いつくありとあらゆる対策を考え、いくつかアイデアに整理をしてまとめ、それらに優先順位をつけていく。これが問題解決型の会議の基本的な流れです。

その中でファシリテーターができる最大の支援は、**出てきた意見やアイデアを整理する**ことです。熱くなって議論しているメンバーとは違い、一歩引いて客観的に場を見ているファシリテーターだからこそできる技です。そういうファシリテーターがいるからこそ、メンバーは安心して議論に集中できます。

後で詳しく述べますが、整理とは**分ける**ことに他なりません。「分ける」と「分かりやすく」なります。「分かりやすく」なれば、「まとめやすく」なります。つまり、「分け上手」は「まとめ上手」になるわけです。

もし、意見を引き出すのはそれなりにできるんだけど、まとめるのが下手で……という人がいたら、まずは「分ける力」をつけてみてください。そうすれば、複雑な意見もスッキリとまとめられるようになります。

113

整理 | **2**

議論の全体像を
明らかにする

整理の基本は分けること

「分ける」と「分かる」

　議論では、1つの観点についてだけ話せばよいことは稀です。たいていは、いろいろな意見が出てきて、複雑に絡み合った状態になります。

　この状態でまともな議論ができる人はあまりいません。というのも、人間は同時にたくさんのことを扱うのがとても苦手だからです。

　心理学では**マジックナンバー7**といって、同時に処理できる項目は7つ前後といわれています。ですから、皆から活発に意見が出て、それが10個や20個ともなると、急激に対処能力が落ちてしまうわけです。

　ところが、人間には素晴らしい能力が備わっています。たくさんの意見をいくつかの塊に分けて、数を減らしてしまうという作戦です。こうすれば、100個だろうが1000個だろうが、「大きく分けると3つですね」と頭の中に入れることができます。皆さんも、普段からやっているはずです。

　たとえば、「わが社のコミュニケーションが悪いのはどんなところか？」について議論をしていて、次のような意見が出てきたとしましょう。

・飲み会の回数が少ない
・商品の技術的な内容をどこに問い合わせたらよいか分からない
・技術的問合せへの回答に2週間以上かかる

・他の人がどんなクレームに対応してきたかが分からない

・本社の人たちは年に1回ぐらいしか現場に来ない

・部内報告で済むものとそうでないものの区別がつかない

・他の部署の人と話したことがほとんどない

・難しい案件を抱えても相談する場がない

・クレームへの対応に時間がかかる

・クレーム状況を文書で本社に報告しており、実情が伝わらない

・顧客クレームを報告するのにハンコが4つも要る

　このままでは、「ふ～ん、いろいろ問題があるんだ……」と皆で暗くなって終わりになりそうです。そこで、いくつかの塊に分けてみます。

1．コミュニケーションの仕組みが悪い

　①連絡ルールが不明確・不適切である

　　・商品の技術的な内容をどこに問い合わせたらよいか分からない

　　・部内報告で済むものとそうでないものの区別がつかない

　　・顧客クレームを報告するのにハンコが4つも要る

　②対応責任部署の処理に時間がかかる

　　・技術的問合せへの回答に2週間以上かかる

　　・クレームへの対応に時間がかかる

2．情報の共有ができていない

　①本社の人が現場を理解していない

　　・本社の人たちは年に1回ぐらいしか現場に来ない

　　・クレーム状況を文書で本社に報告しており、実情が伝わらない

　②お互いを知り合う機会が少ない

　　・他の部署の人と話したことがほとんどない

　　・飲み会の回数が少ない

　③情報や知恵を共有できない

　　・他の人がどんなクレームに対応してきたかが分からない

　　・難しい案件を抱えても相談する場がない

115

きれいに整理できました。こうすれば、「だいたい大きく2つ、細かく5つくらいの観点で話をしているんだ」と、議論の全体像が分かりやすくなります。数が減れば、抜けている観点に気づいたり、全体のバランスも見えてきます。

これが「分ける」ことで「分かりやすくなる」です。だから、「分ける」と「分かる」は同じ漢字を使うわけです。

ファシリテーターの2つの基本動作

ファシリテーターは、意見を分けて整理することで、「今、議論はこうなっています」と全体像を分かりやすくします。リアル会議はもちろん、全体を見失いがちになりやすいオンライン会議で大切な働きです。

その上で、視点のヌケモレがないかを調べたり、バランスをチェックしたりします。さらに、全体の中での個々の意見の位置づけを明らかにすることで、議論の交通整理をします。

必ずしもファシリテーターが1人で整理するわけではなく、実際にはメンバーとやりとりしながら、一緒に整理をしていきます。そのときのアプローチが2つあります。

（1）テーマを分解する……　基本動作⑦

論点を大きな切り口でザックリ分けてから、細かいものへと分けていくやり方です。"**そもそも**"から入る**トップダウン**のアプローチです。本書では**分解**と呼ぶことにします。

　　F　ザックリと2つに分けるとすると、どうなりますか？　さらにそれを細かく分けると？

（2）意見を分類する……　基本動作⑧

それとは逆に、"**とりあえず**"思いつくものを挙げて、似たようなもの同士で塊をつくり、それを大きなグループへと統合していく**ボトムアップ**のやり方があります。同じく本書では**分類**と呼びます。

　　F　どの意見とどの意見が近いですか？　近いもの同士を大きなグループにまとめあげることはできませんか？

トップダウンでザックリと分ける

"そもそも"から入る分解は、大項目→中項目→小項目と分けていきます。

仮に、「明日のキャンプの持ち物」を皆で考えているとしましょう。いきなり思いつくものをリストアップするのではなく、そもそも何が必要か大きなところから考えていきます。たとえば、

・衣類　　・食べ物　　・寝泊り品　　・遊具　　・緊急用品

と相違点で分解をして、「大分類」をつくります。その上で、衣類にはどのようなものがあるか、緊急用品にはどのようなものがあるか……を出していきます。

図 3-1 ｜ トップダウンとボトムアップ

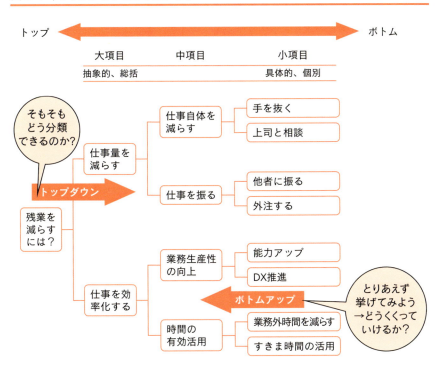

ボトムアップで積み上げていく

　一方の"とりあえず"の分類は、先ほどとは逆に、小項目→中項目→大項目と塊をつくっていきます。同じく、キャンプの持ち物でいえば、

　テント、シュラフ、米、バドミントンセット、下着、サンダル、肉、
　バーベキューセット、油、水着、浮き輪、釣竿、釣り道具、シャツ、
　短パン、ランタン、トランプ、飯ごう……

と思いつくものを洗いざらい出してから、それを共通点で分類します。

　○衣類：下着、シャツ、短パン、サンダル
　○食料品：米、肉、油
　○調理器具：バーベキューセット、飯ごう
　○寝泊り品：テント、シュラフ、ランタン
　○遊具：バドミントンセット、水着、浮き輪、釣竿、釣り道具、トランプ

といった具合です。結局、できあがる形は同じようなものになります。

どっちがよいのか

　トップダウンで分解する良さは、大きなヌケが発生しにくいことです。しかも、全体をつかんでから細かい作業に入るので、考える時間を効率的に配分することができます。

　しかしながら、こういう分解は誰もが得意なわけではありません。すると、はじめに大分類を考える段階では、参加しにくい人が出てきます。

　また、こうした大分類はどうしてもありきたりのものになりがちです。出来合いの大分類（例：衣・食・住）を安易に当てはめてしまうと、メンバーから「絆創膏は？」と出てくるはずだった意見がかえって出てこなくなる可能性もあります。意外な意見が出にくくなる、とも言えます。

　それに対して、ボトムアップで分類するアプローチは、誰にもできる方法で

す。また、とりあえず思いついた事象を挙げていくので、皆が意見を出しやすいという利点があります。

　その一方で、ボトムアップでは、中途半端にやると大きなヌケが発生する恐れがあります。キャンプの持ち物でも、うまくいっているように見えますが、虫よけや絆創膏といった緊急用品がごっそり抜けています。ボトムアップで作業すると、このヌケになかなか気づけません。

　もう1つよくあるのが、緊急用品の検討に使うべき時間を遊具の細かい検討に使ってしまった、といった失敗です。遊ぶモノはなんとかなるもので、その時間を他のところに使うべきです。どうでもよいところに検討の労力をたくさん費やしてしまい、トータルでは時間がかかってしまったというわけです。

　このように、どちらの方法にもメリットとデメリットがあり、テーマやメンバーの状況に応じて使い分けるしかありません。あるいは、片方からやったら、もう片方からチェックをかけるようにします。いずれにせよ、ファシリテーターとしては、どちらのアプローチもできるようになってください。

図3-2｜トップダウンとボトムアップの違い

	トップダウン	ボトムアップ
思考タイプ	・演繹的な思考（そもそも…）	・帰納的な思考（とりあえず…）
進め方	・テーマに詳しくないと難しい ・入り口でもめることがある ・一度始めると修正がききにくい	・テーマに詳しくなくてもできる ・出口でもめることがある ・試行錯誤の繰り返しになる
特徴	・既存の枠組みにとらわれて、ユニークなアイデアが出にくい ・時間が短くて済む ・一般的にはヌケモレが出にくい	・既存の枠組みにとらわれず、ユニークなアイデアが出やすい ・時間がかかる ・一般的にはヌケモレが出やすい
留意点	・テーマに詳しい人の暴走にならないように注意が必要 ・最初に決めた枠組みにとらわれてしまうと、かえってヌケモレが出やすくなる。	・最初にレベル合わせをしっかりとやらないと後でまとめるのに苦労させられる ・新しいくくり方がないかを考えるところに良さがある

上からズバ！　　　下からコツコツ

基本動作⑦ テーマを分解する

ロジックツリーで考える癖をつけよう

　分解して整理していくと、最終的にできあがるのは、大項目→中項目→小項目といった**階層構造**です。

　今度は、コスト削減について議論しているとしましょう。コストの中には、販売費や開発費や物流費があり、倉庫利用費や配送費もあり、トラックを走らせる燃料費や人件費もあるでしょう。これらを全部、同じ階層(列)に並べてしまったらおかしなことになります。

　物流費を細かく分解すると倉庫利用費と配送費、配送費をさらに細かく分解すると燃料費／人件費／車両リース費／道路利用費…といった具合に、お互いに包含関係や上下関係があるのです。

　この階層・レベルを表現しながら分解するとツリー(ピラミッド)構造ができあがります。こういう図解の仕方を**ロジックツリー**といいます。何階層にもわたって分解をするときに便利です。

　ロジックツリーを使うと全体像が非常につかみやすくなります。また、自分たちがいま大づかみの話をしているのか、それとも細かい話をしているのか、

図3-3　ロジックツリー

そしてそれぞれの論点の関係はどうなっているかが、とても分かりやすくなります。

MECEを意識して分解する

ここまで分解の必要性を説明してきましたが、分解すればどんな分解でもいいかというと、そうではありません。

コストをA／B／C／Dの4つに分解したとしましょう。重要な箇所の見落としを防ごうと思えば、A／B／C／Dでコストのすべてが網羅されており、抜け落ちがあってはなりません。

次に、「Aではなくて、Bのほうが深刻だ」といった絞り込みをしようと思うと、A／B／C／Dがお互いにダブリがあると不便です。また、ダブリがあると、ある課題についてAでもBでも議論しなければならなくなって、ムダな議論をする羽目になります。

つまり、分解するときには「モレなく、ダブリなく」という原則を守ったほうがよいのです。これを英語でMECE(Mutually Exclusive, Collectively Exhaustive)と呼んでいます。ロジカル・シンキング(クリティカル・シンキング)の教科書では必ず登場する概念です。

ファシリテーターは、いきなり細かい個別項目の検討に陥らないように注意しながら(トップダウン型の分解をするときには、これが大事です)、モレダブリのない分解をするように働きかけます。

F いきなり1つひとつの項目を挙げるのはしばらく辛抱して、まずは大きくどんな項目に分けられるかを議論しませんか。

F AとBとCと3つに分けられるというわけですね。もう抜けている項目はないでしょうか?

F A、B、C、D、Eと大きく5つの項目に落ち着きそうですね。どうでしょう、お互いにダブっているものはありませんか?

F BとCがダブっていませんか? たとえば、×××はどちらにも入ってしまいますよね。

2
議論の全体像を明らかにする

第3章 整理する

121

図3-4 | モレとダブリがないのがMECE

MECE（ミッシー）= Mutually Exclusive, Collectively Exhaustive
　　　　　　　　　お互いにダブらない　　全体で見れば網羅できている

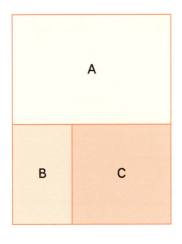

- 単純なMECE（足し算型）
  - 人間：男性と女性
  - 人間：既婚者と未婚者
  - 脊椎動物：哺乳類と鳥類と爬虫類と両生類と魚類
  - 顧客：個人と法人

- こんなMECEもある
  - 利益：売上－費用
  - 売上：単価×数量
  - 売上：店舗当たり売上×店舗数

MECEなツリーをつくるには

MECEなツリーにするには、いくつかのコツがあります。

①切り口に一貫性を持たせる

よくある失敗の1つに、トップからツリーをつくっていて、切り口が途中から変わってしまう、というものがあります。先ほどのようにコストを費目で分けていったのに、途中から「10万円以上／以下」と金額の分類に変わったり、「削減しやすいもの／削減しにくいもの」と難易度に変わったりといったケースです。これでは、頭の中が混乱してしまいます。

費目なら最後まで費目で、金額なら金額と、分類の切り口には一貫性を持たせるのが基本です。

②各階層の上位概念は下位概念のまとめになっている

物流費といえば、倉庫利用費と配送料の2つの費目しかなく、2つをあわせれば物流費が分かる、といったものです。特に何か抜けているもの、つまりモレがないかに注意を払ってください。

③各階層のレベルがそろっている

大きい項目と小さな項目を同じ階層に並べないことです。たとえば、コストを分解するのに、開発費用、製造費用、パンフレット印刷費、燃料費……なんて並べていると、営業費用のうちの大半は抜けてしまいます。各階層のレベル感は必ずそろえて、マクロな話とミクロな話が同じ段に並ばないようにするのがポイントです。

④各階層の項目の数を３つ前後にする

７つ以下であればいくつでもよいのですが、２～４つくらいが頭に入りやすくて、ちょうどよい数です。２つしかなかったら、他に抜けている項目はないかと考え、５つを超えるようなら、もう１階層はさむことができないかを考える。そうしていくと自然と落ち着きのよいツリーができあがります。

よりよい分解を探そう

MECEな分解は一通りではありません。無数にあります。たとえば、コストを分解するには次のようないろいろな切り口があります。

・変動費／固定費
・本社費／支店費
・本社共通費／営業費／開発費／製造費／物流費
・（１項目当たり）10万円未満／10万円以上1000万円未満／1000万円以上

では、どんな分解方法がよいのでしょうか。

議論の全体像をつかんだり、必要な項目をすべて洗い出したりする場合には、どの分解でも大差はありません。しかしながら、重点箇所を絞り込みたい場合には、分解によって大きな違いが出てきます。

ふたたびコスト削減を例にとりましょう。たとえば、変動費／固定費で分解したところ、変動費も固定費も両方増えていることが分かったとします。そうなると問題箇所の絞り込みはできません。変動費と固定費両方で削減策を考えろ、ということになってしまいます。

一方、本社共通費／営業費／開発費／製造費／物流費で分解したら、物流費

だけが突出して増えていることが見えてきました。そうなれば、まず物流費を徹底的に分析してみよう、と問題箇所が絞れるわけです。

このように、**絞り込みに役立つ分解がよい分解**です。残念ながら、これは、まず分解してそれぞれの部分について調べてみてからでないと判断ができません。うまく絞り込めればめでたしめでたし。絞り込めなければ、一度白紙に戻して他の分解方法を検討する、といった試行錯誤が必要です。

そのためには、切り口をたくさん持っておく必要があります。詳しくは、第5章を参考にしてください。

F　一通り分解できましたね。では、この中で「ここが深刻だ」と絞り込むなら、どの部分になりますか？
F　全部が悪いという話になってしまいますね。他の切り口を考えましょうか。

図 3-5 ｜ 問題点や対策を絞り込めるのがよい分解

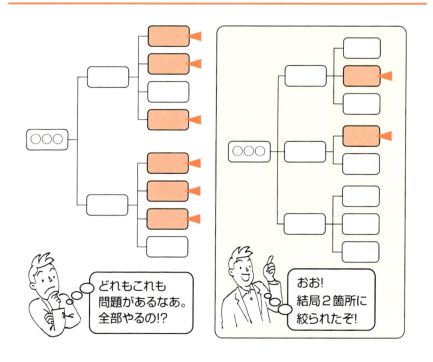

あいまい言葉をベタな表現で具体化する

第1章で「あいまい言葉を具体化せよ」という話をしました。

実は、具体化の作業に分解が役に立ちます。抽象的／一般的な言葉(big word)を、より具体的な要素に落とす／分解するわけです。

たとえば、「よいアイデアを選ぼう」という局面で「"よいアイデア"って何ですか？」という話になったとしましょう。こういうときにはすかさずファシリテーターは「よいアイデアって具体的にはどういうアイデアですか？」とメンバーに尋ね、出てきた意見をもとに、"よいアイデア"を具体的な要素に分解します。

> **F　なるほど！　具体的には「意外性がある」「納得できる」「思わず笑ってしまう」の３つがあるのが、よいアイデアだというわけですね。**

元々の"よいアイデア"では抽象的で、皆の認識がバラバラになりそうでしたが、こうすれば具体性が増して、認識がそろいやすくなります。

ただ、これでは「MECEになっていない」という反論もあると思います。しかしながら、こういったテーマであれば、皆がだいたいそんなところかなと思える分解ができれば十分。厳密にMECEにこだわる必要はありません。

とはいえ、MECEであるのに越したことはなく、なるべくそうなるよう、言葉のゴロ合わせを工夫してみてください。先ほどの例でいえば、「意外性がある／納得できる／思わず笑ってしまう」よりは「驚きがある／腹落ちがある／笑いがある」のほうが、MECE感があるような気がします。

また、こういったベタな言葉で分解するのがコツ。すでにあるカッコいい言葉でぴったり分解しようと思ってもなかなかできません。ぴったりとした名詞が見つからず、多少説明口調の言葉になってしまってもよいので、３つに割ってみる、といったスタンスで臨んでみてください。

> **F　当社の「顧客第一主義」って何なんですかね。もう少し具体的な言葉で、"３つの柱"みたいに落とし込めませんか？……ふむふむ、なるほど、１つは「独りよがりの商品を送り出さないこと」ですね。**

論点を分離し絞る

　こうやって論点をMECEに分解をして、ヌケモレもチェックし、ホワイトボードに整理できたら、ツリーを使って議論を交通整理していきましょう。

　たとえば、発言者の中に、「……を検討すべきではないかと思いますねぇ。あ、それと……」と複数の内容を同時にしゃべろうとする人がいます。この際だから全部言ってやらなくちゃ、と欲張りな人に多いようです。

　本人は言うだけ言ってスッキリするかもしれませんが、他のメンバーは、「さて、まずどれを論点として取り上げたらいいの？」と困ってしまいます。はじめに言った論点など忘れてしまっていることも多いでしょう。

　こういうときにはファシリテーターは、ツリーを指差しながら発言を整理した上で、議論の優先順位をつけるようにしてください。

F　○○と△△と□□についてのお話ですね。では、これから順番に議論していきましょうか。

F　ちょっと待ってください。いくつかあるので確認してもよろしいですか？　……と、……と、……ですね？

F　たくさんおっしゃっていただいたのですが、1つめの……からいこうと思いますが、よろしいですか？

図 3-6 ｜ 議論の優先順位をつける

実践のヒント③

Q　問題の原因をどんどん掘り下げていくと、いずれ会社の体質や社長の経営手腕にいきつきます。これでよいのでしょうか？

A　たしかに、会社の大きな問題についてひたすら「なぜ？」を繰り返していくと、「社長が悪い」にいきつくことがあります。さらにやっていけば、「社長を育てた親が悪い」となって、どんどん先祖に遡っていきます。いったい、どこがまずいのでしょうか。

問題解決をうまくやるコツは、いきなり「原因分析」にいかず、「どこが悪いのか」をしっかり分析することです。「Why?」の前に「Where?」をやらないと、こんなおかしな話になってしまいます。

たとえば、「なぜ管理間接費がこんなに多いのか？」をいきなり議論すると、「課長の指示が悪い」「皆に管理間接費を削減しようとする意識がない」「開発部門が持つべき費用を管理部門が持っている」「タクシーに乗りすぎ」……とレベルがバラバラの意見、しかも本当かどうか確かめにくい原因の候補がたくさん出てきてしまいます。どれが本当の原因か見極めるのが非常に難しくなります（ただでさえ、原因分析は人間の苦手とするところなのに！）。

私たちがすべきはまず「管理間接費の中でどこがそんなに多いのか？」を議論することです。素直に「分解→絞り込み」を適用するわけですね。この議論ならば、絞り込みの根拠が得やすい（数値データなど）ですし、また誰かの責任追及にもなりにくいのです。

ファシリテーターの大事な役割の1つは、皆がすぐにWhy分析に走っていってしまうのを監視して押し留めることです。

F　ちょっと待ってください。今は「どこが悪いのか？」を考えることに集中しましょうよ。

F　それは「なぜ？」の分析になっていませんか。後で取り上げることにして、ここに書き留めておきますね。

127

基本動作⑧ 意見を分類する

試行錯誤を繰り返すしかない

　ボトムアップで分類して整理するときも、できあがりの形は同じツリー構造になります。

　まずは思いつくままに意見を出して、似たような意見を寄せていくところから始めます。できれば、ファシリテーターが勝手にまとめるのではなく、皆の意見を聞きながらまとめたほうがよいでしょう。

　意見が近いかどうかは感覚的なもので、あまり神経質になる必要はありません。それに、見方が変われば遠い近いという判断も変わってきます。

　コストの話に戻れば、運送費と広告宣伝費は、物流費用と営業費用という見方をすれば別ジャンルになりますが、固定費と変動費という見方をすれば同じジャンルになります。ですので、最初はいろいろな見方で遠近を判断して、くくったり分けたりしながら、すべてが落ち着く見方を探していけばよいのです。

　逆に言えば、初めに思いついた分類方法にしばられたり、こだわったりしないほうがよいということです。何かしっくりこないと思えば壊してやり直す——そういう試行錯誤を繰り返す辛抱強さが必要です。

F　どの意見とどの意見が近いですか？
F　この意見は、さっきのこの意見と似た意見と考えられますかね？

付箋を活用しよう

　意見を分類するには、**大判の付箋**（77mm×75mmや76mm×127mmをよく使います）に意見を書いて出して整理していくという方法がとても便利です。この方法は、全員が平等に意見を出しやすい（少数の人が発言を独占しにくい＆発言の苦手な人でも意見を出しやすい）という意味でも優れたやり方です。

　付箋の使い方のポイントは、姉妹編『ファシリテーション・グラフィック』（p.49）で解説をしたのでぜひご覧ください。分解よりも分類が得意という人

図 3-7 付箋を使って意見を分類する

は、会議に必ず付箋を持っていくようにしましょう。

こまめにグループをつくっていくのがコツ

　さて、似たような意見を寄せていくわけですが、このときのコツは、一度にたくさんの意見や項目をくくろうとしないことです。よくあるのは「これもあれも『固定費』だよね」などと、ホワイトボードに書かれた意見の半分を一挙に1つのグループにしてしまうことです。こうしてしまうと、もう一度トップダウンで分解し直さないといけなくなります。トップダウンの悪さである、ありきたりの物の見方で分けることにもつながります。

　　F　ちょっと待ってください。いきなり大きなグループにせずに、もう少しこまめにグループ化していきませんか。

また、ある意見をどのグループに入れるか悩んだら、それは無理に入れずに外しておきましょう。

　私たちは、グループ化を始めると、新しく出てきた意見をついどこかのグループに入れなければいけないような錯覚にとらわれてしまいます。どこかのグループに入れてしまったが最後、その意見は他の意見に紛れて埋もれてしまい、二度と検討されることはありません。

　どのグループに入れるか悩むということは、多かれ少なかれ異質の要素を持った意見だと考えるのが妥当です。他の意見に埋もれさせてはもったいないのです。

　ファシリテーターは、どの意見とどの意見なら同じグループにしてもよさそうか、常に疑いの目で見てください。そして、少しでも「いいじゃないの、似たようなもんだし、一緒のグループにしておけば」という気配を感じたら、いったんそれを阻止したほうがよいでしょう。

　F　これとこれを一緒のグループにするのは、今はやめておきませんか？
　F　この意見は、この３つとは少しニュアンスが違うのでは？

　初めのグループ化にはあまり時間をかけないほうがよいと思います。考えるべき観点、抜けている観点が見えてくればよしとすべきです。そういうものが見つかったら、またアイデアの洗い出しに戻します。そうやっているうちに、落ち着きのよい分類が見えてくるはずです。

　F　さぁ、分類はこれで仮置きにしましょう。抜けていると思われる意見を中心にもう一度アイデアを出していきませんか。

　それと、先ほど述べたように、ボトムアップではMECEになりにくいので、できあがったら必ずヌケモレがないかを一度確認してください。といっても、そこそこMECE感があればよいというのは、トップダウンのときと同じです。それはグループをくくったときのまとめの言葉に大きく左右されます。これについては次章で詳しく説明していきます。

図 3-8 | こんなデカイ分類では使い物にならない

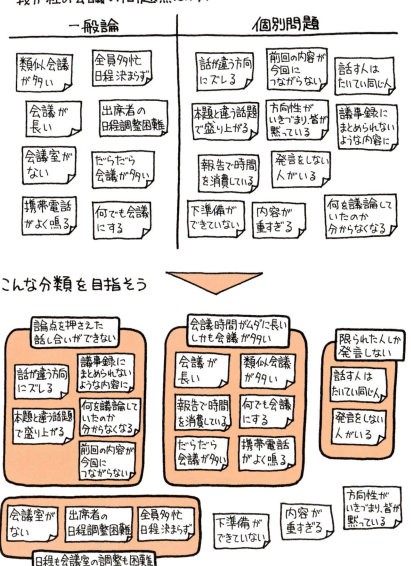

| 整理 | **3** |

あなたの整理力は
どこまで通用するか

━ 理解度を確かめるエクササイズ

演習：社員旅行の行き先はどこが最適か

　社員旅行の行き先について議論をしています。いろいろ意見は出ているようですが、うまく整理するにはどうすればよいでしょうか。

A　私は断然、京都をお勧めしますね。紅葉に囲まれたお寺や神社を散策して歩くんです。聞いただけでも魅力的だと思いませんか。あと、古い町並みという意味では、高山なんかもいいですね。高山祭りのシーズンを狙っていくとか。

B　でも秋の京都って、どこも人が一杯で大変ですよ。お寺はごったがえすし、車の渋滞はひどいし……。第一、ホテルの予約がなかなかとれないらしいです。みんなでのんびりとしたいので、もっと落ち着けるところがいいですね。

C　落ち着けるところというのなら、そりゃあ温泉しかないですよ。たとえば、熱海はどうですか。最近、人気があるらしいじゃありませんか。あとは鬼怒川や越後湯沢くらいかな。どちらも都内からだと2時間もあれば着きます。

A　近いというのは大事な要素ですよね。何時間も移動に時間をかけていたら疲れるし、現地で遊ぶ暇がなくなってしまいます。京都も新幹線を使

えば、東京から案外近いんですよね。
B 熱海か鬼怒川かと言われたら、私は熱海を押しますね。新鮮な魚がお腹一杯食べられますから。食事も旅行の大切な要素ですよ。そこだけは妥協したくないですね。それに、熱海なら良いホテルもたくさんあるし。
C でも、それって結局、宴会をして終わりというパターンでしょ。だったら、都内でやればいいんですよ、都内で。せっかく旅行に行くのですから、みんなの親睦が深まるようなものにしないと。一緒に何か体験するとか。
A それもそうですね。飲んで騒ぐだけではワンパターンだ。じゃあ、志賀高原あたりに行って、紅葉の山を散策するというのはどうですか？ 軽く汗をかいたあとで草津温泉に飛び込むと。体も心もリフレッシュすると思いますよ。
C それは、メタボ対策にもいいかもしれませんね。でも、ちょっと遠くないですか？ それに、我々だけでバスを貸切るのは苦しいかもしれませんね……。
B そうですよね。ウ～ン、なかなか難しいなあ……。何だかこんがらがってきて、訳が分からなくなってきましたよ。誰かこれを整理してくれませんか？

図 3-9 | 整理できていない議論

論点の構造を明らかにする

　行き先の候補も考えるべき視点もいろいろ飛び出して、何が何だか分からなくなってきました。いったんは議論を整理して、1つずつ詰めていかないと結論が出そうにありません。

　論点は、大きく分けて3つあったように思います。

　①旅行の狙い(目的)をどこに置くか？
　②どんなスタイルの旅行にするか？
　③満たさないといけない条件は何か？

　この3つを検討した上で、具体的な候補を絞り込むことになります。

1）旅行の狙い（目的）をどこに置くか

　次の3つが挙げられています。どれも大切な目的で、できれば全部達成したいところです。

　①－A　のんびり休養する
　①－B　社員の交流を深める
　①－C　運動してリフレッシュ（ついでにメタボ対策？）

2）どんなスタイルの旅行にするか

　これも大きく3つに分けられるようです。旅行の行先を左右する重要な要素です。

　②－A　名所旧跡を見て回る観光旅行
　②－B　お湯に浸かって美味しいものを食べる温泉旅行
　②－C　野山を歩いてリフレッシュするアウトドア旅行

3）満たさないといけない条件は何か

　条件としては、次の3つの要素が挙がっていました。条件を満たさない行先

は候補から落とさざるをえません。

　③−Ａ　泊まる：宿泊施設
　③−Ｂ　行く　：交通手段、移動時間
　③−Ｃ　食べる：食事、宴会

　そして、これらの観点の組み合わせで、京都、高山、熱海、鬼怒川、越後湯沢、志賀高原（草津）といった具体的な候補が出てきました。どの候補地がどれを満たすかを考えていけば、結論が出しやすくなります。その過程で新しい候補も見つかるかもしれません。
　図3-10のようにフレームワークを使うと結論づけしやすくなるのですが、少なくともこういった形で分けて整理できれば、合理的に議論ができるようになると思います。
　このように、一見複雑に見える議論も切り口をそろえて分けて整理をすると分かりやすくなる――この演習ではそのことを感じてもらえたら十分です。

図3-10 ｜ 意見を整理する

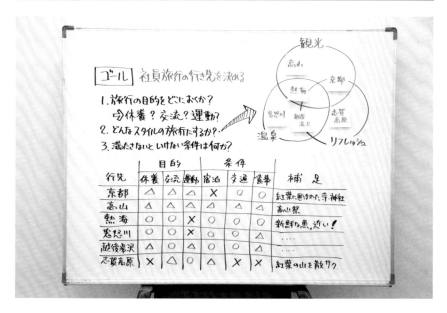

整理力を高めるトレーニング

なんでもかんでも分解

日常で思いつくもの、出合うもの、なんでも分解してみます。

本を手に取ったら「本」を……著者の頭文字別、重さ別、横書き／縦書き、などなど。新入社員を眺めながら「今年の新入社員」を……出身地別、出身学部別、闘志むき出し／控えめ、などなど。プレゼンテーションを間近に控えていたら「良いプレゼンのコツ」を……内容／構成／演出とか。

通勤電車の中で訓練するにはもってこいです。また、分解方法1つで満足せず、2種類以上の分解方法を考えるとよい練習になるでしょう。

とにかく3つに割ってみる

何か言葉を1つ選びます。たとえば、「ワークショップ」「ファシリテーション」「金融危機」「ラーメン」「良いプレゼンテーション」など。

それを3つの言葉に分解します。元々の言葉を説明する3点セットをつくるイメージです。たとえば、

ワークショップ＝［参加する］［協働する］［学習する］

ラーメン＝［麺］［スープ］［具］

といった具合です。3つの言葉が同程度に重要であること、お互いにダブりがないこと、そして、どれが欠けても成り立たないこと、を意識して練習を積むと効果があります。

これの変形版としては、手順・プロセスを3段階に分解する練習があります。たとえば、「ラーメンのつくり方」として、

［麺を茹でる］→［スープを入れる］→［トッピングする］

と分解する感じです。「組織変革の3段階」「コスト削減の3段階」「研究開発強化の3段階」などとお題を置けば、実務にもすぐに活かせそうですね。

階層感を意識しながら3つに割ってみる

3つに割ってみる、をさらに強化したトレーニングです。

これはある言葉を3つに分解したら、その分解した言葉をさらに3つずつに分解してツリーをつくる練習です。たとえば、「結婚」を図3-11のように分けていくわけです。

ロジックツリーでは2段目の分解はみんなできるようになるのですが、3段目までやり切る知的体力や意識がなかなか持てないようです。それを鍛えるのに適した練習です。

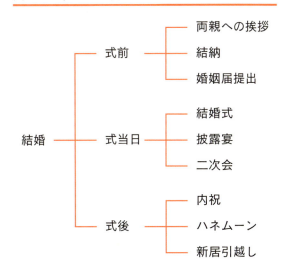

図 3-11 │ 3×3に割ってみる

似たようなもので、ツリーではなく2×2のマトリクスで分ける練習でも効果があります。

分類の脳みそをやわらかく

15～20個ぐらいの名詞を集めます。お菓子、野菜、地名、動物……など、はじめは同一カテゴリーの名詞がよいでしょう。たとえば、

猿、猪、キンカジュー、猫、狐、犬、象、虎、狸、ライオン、鹿、ハイエナ、リス、モモンガ、豹、チーター、狼、カワウソ

といった具合です。それをとにかく3つに分類し、それぞれのグループに名前をつけます。おそらく、単純な名詞で名前がつけられることは少なく、ベタな言葉でグループ名を考えなければならないはずです。

付箋練習 その1

ボトムアップの練習です。あるテーマについて、皆で意見を付箋に書き出し、全部で20～30ほどの意見を用意して、その意見をグループ化します。一気に大きなグループをつくらず、こまめに下から積み上げていき、最終的にロジックツリーに整理するのがこの練習の重要なポイントです。

推奨テーマを1つ紹介しておきます。組織の理念やビジョン、あるいは行動規範を題材にします。そこに登場するあいまいな言葉や一節を採り上げ、「具体的にどういうことか？／何をすることか？」を皆で挙げると、みんなの意識がそろうのを実感できるでしょう。

何かのビデオ（例：「プロフェッショナル 仕事の流儀」や「プロジェクトX」）を見て、その感想を皆で出し合うのもよいです。

付箋練習 その2

2つのグループに分かれます。同じテーマを設定し、一方のグループは付箋練習その1そのままに作業を進めてロジックツリーをつくります。

もう一方のグループは、いきなり付箋に個別意見を書かずに、トップダウンで「そもそも大元はこういうふうに分解できるよな」と1段目を分解して、2段目をつくります。さらに2段目もトップダウンで分解して3段目をつくります。それから、それぞれに該当する意見を出して、最終的にやはりロジックツリーの形に整理します。

両者を比べて、「どこに差が現れているか」「抜けてしまった観点はないか」「双方のやり方のメリット・デメリットは何か」を議論します。

付箋練習 その3

1. あるテーマについて、皆で意見を付箋に書き、全部で30ほどの意見を集め、それをランダムに重ねておきます。

2. ホワイトボードなどに図3-12のような、全体を5～6つに分けた枠を描きます。

3. 付箋を1枚ずつめくってこの枠に収めていきます。全部意見が出てからグループ化するのではなく、意見が出てきているその場でリアルタイムにグループ化する練習をするわけです。はじめから5つあるいは6つのグループに分けるという制約をつけた状態で、なんとかグループ化し切るという練習にもなっています。

4. グループ化し終わったら各グループに名前をつけます。このとき、テーマに答えるようなグループ名あるいはメッセージにすることにこだわってください（この点は次章で解説します）。

図 3-12 ｜ 先に枠をつくっておいて意見をグループ化する

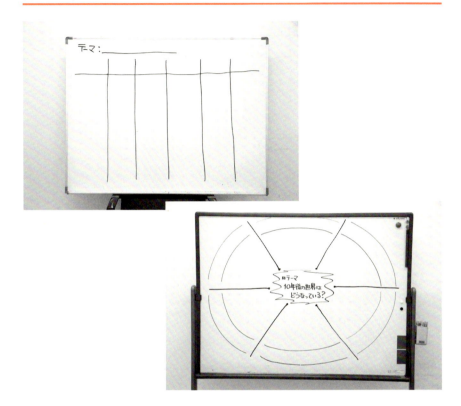

分類練習

あまり自分に発言機会のない会議を利用します。図3-13のような枠を用意しておいて、皆の発言がどういう観点から、どういう主張をしているのかを分類していきます。

図 3-13 ｜ 表を使って主張を分類する

| 整理 | 4 |

現場で使える実践的な整理テクニック

うまく整理できないときの切り抜け方

フレームワークを活用しよう

　意見を整理するときに一番悩むのが、どんな切り口を使えばスッキリと整理できるかだと思います。

　実は、ファシリテーターがその場で切り口を見つけ出すのではなく、世の中によく知られた代表的な切り口を当てはめるのが、よく取られる方法です。そういった切り口のセットを**フレームワーク**と呼びます。フレームワークをたくさん覚えれば覚えるほど、整理する力は高まります。

　フレームワークについては第5章で詳しく述べます。ここでは、いつも一から考えるのではなく、既存のものが使えることだけをお話しておきます。

とりあえず分けてしまう

　フレームワークが使えないときには、自分の頭で分け方を考えつかないといけません。まずは、分解（トップダウン）でいくか、分類（ボトムアップ）でいくか、自分の得意な方法を選びましょう。

　前者を選んだ方は、いきなりツリーをつくるのが難しければ、無理にでも2つか3つに分けることを考えてみてください。それも、できれば何通りかのやり方で。うまく分け切れないものは、その他の項目としてまとめておいてください。そうやって、どんどん分解していって、最後まできれいに分かれた切り

140

口を採用すればよいのです。

　一方の分類も同様です。あれこれ悩まずに、とりあえずいくつかのグループに分けてしまいましょう。グループの名前をつけるのは後でもかまいません。どんどんグループ化していって、いったんは最後までやりきってから、適切な切り口を設定していけばよいのです。

整理のプロセスを共有する

　それも難しければ、みんなの力を借りるしかありません。前に述べたように、必ずしもファシリテーター1人が意見の整理をする必要はありません。それどころか、メンバーを巻き込んだほうが、よい知恵も生まれますし、整理されたものへの納得感も高まります。恥ずかしがらずに、メンバーに手伝ってもらいましょう。

> F　今から○○のテーマで議論をするのですが、どんな切り口で話し合えばよいか、知恵のある方はいらっしゃいませんか？
>
> F　たくさんアイデアが出てきましたが、どのようにまとめていけばよいか、よい整理の仕方ってありませんかね？

　それに絡んでよくある失敗は、メンバーに散々意見を出させて、「次回までに私のほうで整理しておきますから」と引き取ってしまうことです。

　筆者も過去に経験があるのですが、何百枚もの付箋を一晩かかって整理をして、翌朝メンバーに見せたところ、「何かしっくりこないなあ……」と言われてもう一度全員でやるハメに。

　ファシリテーターとしては、引き取って1人で考えたほうがじっくりと整理ができてありがたいのですが、結果をいきなり見せられたメンバーは面食らってしまいます。整理のプロセスを共有していないので、それが最適な整理の仕方なのかも分かりません。結果として、納得感が下がってしまうのです。

　どうしても時間がない場合は仕方ないとして、できれば同じ時間と場を共有する中で整理をしたほうが、はるかに納得感が高いことも覚えておいてください。

141

どうやって1人3役をこなすか

ペアでファシリテーション

　実際の会議では、MECEなんておかまいなしで、みんなが好き勝手に発言するのをファシリテーターが整理させられることがほとんどです。付箋を渡して「書いてください」とは言いにくいときもあります。そんなときファシリテーターは、発言を聞く、ホワイトボードに書く、意見を整理する、の1人3役をこなさなければなりません。そんな苦境を乗り越えるいくつかの方法を紹介しておきましょう。

　一番簡単なのは、**ファシリテーターを2人用意しておく**ことです。1人は場に入って、みんなの発言を引き出したり、深める質問をしたりの役です。第1章や第2章で述べた役割ですね。

　もう1人は、話し合いの場から少し距離を置き、出てきた意見をホワイトボードに書きながら整理する役です。場から離れているので客観的になれ、どのように整理すればよいか考えやすくなります。まさに岡目八目です。

　その上で、「今のところの議論はこんなふうに整理できますね」といったん立ち止まって皆に全体像をつかんでもらったり、抜けている視点や偏りがあったら、横から口をはさんだりします。本章で述べた役割です。

　アナウンサーと解説者の役割分担を思い浮かべてもらえれば、それに近いでしょう。ただし、会議全体の進め方をすり合わせた上で、息の合った人とペアを組まないと、かえってやりにくくなるので注意してください。

前もって考えておく

　ファシリテーターをもう1人用意できなかったら仕方ありません、1人で3役をこなしましょう。

　そのときは、前もって「このテーマならどのように分解できそうか」「どんな意見が出そうか」「それはどんなふうに分類できそうか」を自分で考えておくことです。

　要は、皆から意見を引き出しつつ、要約しつつ、ホワイトボードに書きつつ

……という同時並行作業があなたの脳みそをキャパシティいっぱいにしてしまっているのです。であれば、考えられる分解・分類は前もって用意して、手元メモに置いておこう、という作戦です。

そうすれば、その場で分類方法を考えねばならないというプレッシャーからいくらか解放されるはずです。また、この作戦は、第2章で解説した、論点の視点についても使えます。賛成派はどういう視点で根拠を述べるべきだろうか、反対派はどうだろう……と前もって頭の準備をしておくのです。

ただし、この方法はリスクをともないます。自分が考えてきた枠組みに無理にはめてしまおうとする衝動が、どうしても湧き上がってきます。このジレンマついても、第5章で詳しく述べたいと思います。

マンダラを覚えよう

忙しくて事前に考える時間がなかった、あるいは、考えたとおりになりそうもない。そのときは、**マンダラ型**でホワイトボードや模造紙に書いていくことをお勧めします。

姉妹編『ファシリテーション・グラフィック』(P66)でも説明しましたが、マンダラ型とは中心から四方八方に意見を書き分けていく描き方です。応用範囲が広く、どんなテーマだろうが、少々議論が飛ぼうが、それなりに整理ができるのが強みです。

まずは、議論のテーマを中心に書きます。「わが社のコミュニケーションが悪いのはどんなところか？」といった具合です。

次に、意見が出てきたら、近い意見は近くに書き、遠い意見は遠くに離して書きます。筆者の経験則としては、ホワイトボードを6つくらいの領域に分割して書き分けるようなイメージで書くと、ちょうど全体がうまく収まります。近いもの同士を線で結んだり、枠囲みをしたりすると、さらに分かりやすくなります。

こうしていくと、一通り意見が出尽くした段階で、何となく内容がホワイトボードに整理されています。ただ、ゴチャゴチャで見づらくなっているでしょうから、少し休憩を取っている間にツリーに書き換えて（そうです、1人3役をこなすときのもう1つのコツは、休憩時間を取って、その間に整理作業を進めることなんです）、さらに議論を深めていきます。

143

付箋にファシリテーターが書く

　1人3役をこなす方法がもう1つあります。メンバーから募った意見を、ファシリテーターが付箋に書いてホワイトボードに貼って整理していく方法です。

　これだと、メンバーに書いて出してもらう負担をかけずに済みます。また、貼ったときに誰の意見かが分からなくなり、発言がしやすくなります。後の整理もずいぶん楽になります。

　ただ、このときは、発言を的確に要約するよう心がける必要があります。できればメンバーから確認をとりながら付箋に書くことをお勧めします。第1章のポイントをしっかり復習してください。

図 3-14｜マンダラで描く

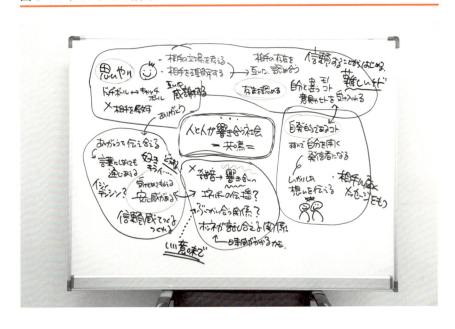

第4章

統合する
Integration

4

基本動作⑨ 優先順位をつける

基本動作⑩ 上位概念をつくる

統合 | 1

納得感のあるまとめとは

▄▄▄ 謎のアンダーライン

　筆者が住んでいる町で「都市計画マスタープラン」をつくる取り組みに参加したことがあります。

　「都市計画マスタープラン」とは、都市づくりの将来ビジョン、都市計画の指針、都市づくりの課題やその整備方針をまとめた、自治体の長期計画です。皆さんの町にもあるはずです。住民の意見を反映させることが義務づけられており、住民メンバーの1人として「市民会議」に参加しました。

　市民会議は、月に1回2時間程度のペースで延べ10回開催されました。毎回50名ほどの一般市民が集まり、自分たちの町の将来像について熱く語り合いました。マスタープランに盛り込んでほしいテーマや内容を、付箋を使って地区別にまとめ、提言を発表して解散しました。

　それを受けて実際のマスタープランをつくるのが、行政、市民代表、学識経験者などが集まる「検討会」です。検討会では何回かの議論を重ねて素案をつくり、再び一般市民が集められて、お披露目となりました。自分たちの提案がどれくらい盛り込まれているのか、確認してほしいというのが会議の主旨です。

　行政から配布されたマスタープランの素案は100ページほどの冊子です。中を開けてみると、文章のあちこちにアンダーラインが引いてあり、番号が振ってありました。

　「この番号はいったい何だろうか？」と思っていると、もう1つ分厚い資料が配られました。そこには、市民が出した意見が、大きいものから小さいものま

146

で、すべて番号を振って整理されていました。なかには、誰かが書いた付箋そのものもあります。私の地区が出したものも、ちゃんと番号が振ってすべて載せられていました。そこから、素案のどのページのどの言葉になったかが、対応できるようにしてあるのです。何百という意見すべてに対して。

　「さあ、皆さん、ご自分の意見がどう反映されたか確認をしてください」と言われ、調べてみると確かにありました。他の何人かの意見と統合され、表現はお役所ふうになってしまいましたが、主旨はしっかりと残っています。

　ここまでやられると、文句をつけようという気になりません。「どうせ、行政が最初から用意していた作文を見せられるだけで、ここからが勝負！」とケンカ腰で臨んだ人も、一発でおとなしくなってしまいました。

みんなの思いを言葉にする

　多くの人の意見をまとめるというのは、簡単な作業ではありません。人数が増えれば増えるほど、１人ひとりの意見が反映される余地は小さくなり、結論もぼやけていきます。かといって、安易に多数決をしたのでは、積み重ねてきた今までの議論が水の泡になります。コンセンサス、すなわち全員が折り合える１つの結論をつくるのは、並大抵の苦労ではできません。

　そのため、ファシリテーターには、**多くの人の意見を反映しつつ、"エッジ"の効いた言葉で結論をまとめる**力量が求められます。たくさんの人の主張や思いをどうやって結論に表現するか、やはり最後は日本語の勝負になってきます。本章では、そういった場面で、多くの意見を統合する技について解説をしていきます。

　ただ、忘れてほしくないのは、素晴らしいまとめをしたからといって、納得感があるとは限らないということです。まとめも大事ですが、もっと大切なのは合意形成に向けてのプロセスづくりです。結論を受け入れようという気持ちは、自分がそれにどれだけ参加・関与したかという、議論のプロセスがものをいうからです。先ほどの事例がまさにそれを物語っています。

　まとめの言葉と合意形成のプロセス、２つが両輪となってはじめて、結論への納得感が高まることを忘れないでください。

147

| 統合 | 2 |

異なる意見を
1つにまとめる

▚最後の詰めをいい加減にしない

統合しないとすべてが水の泡に

　要約→検証→整理というステップを経て、たくさんの意見の下ごしらえをしました。これで材料はそろっています。

　最後の詰めは「これらのことから、結局、何が言えるのか？」「何をもって結論とするのか？」を導くことです。これが**統合**です。

　会議そのものの結論の場合もあれば、今の論点の合意事項や到達点の確認の場合もあります。いずれの場合も、それが次の出発点になり、また要約→検証→整理→統合のサイクルが回っていきます。

　けれども、この詰めが私たちのとても苦手としているところです。

　ここまでの段階は、ファシリテーターの投げかけに応じて、思い浮かんだ意見を出していけばよく、むしろ楽でしょう。ところが、たくさん意見を出した後は、お互いそれなりに疲れています。「しっかり話し合ったなあ」という満足感すら漂います。

　すると、最後の詰めをする気力がもう残っていない、という状況にもなりがちです。しかも、まとめをしようと思うと、自分の意見も他人の意見も、さっき出た意見も30分前に出た意見も思い返して、それらをひとまとめにしたら何が結論として導けるのかを考えねばなりません。つい自分の意見や直近の意見に意識が集中しがちで、これはなかなか難しい作業です。

148

ですが、終わりよければすべてよし。この詰めをしっかりしないと、ここまで話し合った意味がありません。

せっかく意見を出し合ったのに、最後は「結局、風土の問題ですね」と抽象的にまとめてしまった。あるいは、気づいたらＡさんだけの言い分が通って、他の人の意見がまったく反映されていない――これでは、今までいろいろな意見を出し合ってきた努力が水の泡になってしまいます。

ファシリテーターは何をするのか

では、この統合のためにファシリテーターは何をすればよいのでしょうか。

（１）優先順位をつける……基本動作⑨

複数の意見（選択肢）に対して、「どれが重要（大切）ですか？」と優先順位をつけます。この場合には、何をもって重要であるとするのか、判断基準を定めることが必要になります。その中で、１人ひとりの価値観を明らかにすることも求められるでしょう。

> **F** 今の私たちにとって、もっとも重要なことって何でしょうか？
>
> **F** 今、我々は何を優先して結論を導かないといけないのでしょうか？

（２）上位概念をつくる……基本動作⑩

複数の意見をながめて、「何が言えるのか？」を導きます。「この意見はあの意見の中に含まれますね」という包含関係を明らかにしたり、「結局どれも『商品に魅力がない』ということを言っていますね」と個別の意見を抽象化したりします。あるいは、「どれもこれも『我々には今までのやり方しかない』という思い込みが裏にありませんか」と共通の前提をあぶり出していきます。

「これらをまとめると？」の世界だと言ってよいでしょう。

> **F** 皆さんが共通でおっしゃりたいのは……ということなのでは？
>
> **F** 今日の会議でのコンセンサスをまとめると、どうなりますか？

2　異なる意見を１つにまとめる

第４章　統合する

149

基本動作⑨ 優先順位をつける

技法1　幅広く出して絞る

　合理性の高い結論を導くために欠かせないことが2つあります。1つは、**幅広い選択肢の中から選ぶ**、ということです。それが、第3章の冒頭で紹介した「飛びつき病」を防ぐ唯一の方法です。

　幅広い選択肢を出すには、いろいろな視点から検討しないといけません。可能性のあるアイデアをしらみつぶしに考えることで、視点のヌケモレも減ります。「これだけ考えたのだからこの中にしか答えがない」と、結論への納得感も高まります。幅広い選択肢を出すには、第3章で解説した分解／分類、なかでもロジックツリーを活用してください。

　さて、本章で焦点を当てるのは、選択肢を出した後の**絞り込み**です。たくさん出てきた意見に優先順位をつけて、もっともよい選択肢を選ぶことです。これは、会議の結論を出すときだけでなく、議論のあらゆるステップで使います。

　たとえば、ある課題に関して問題点を皆でたくさん挙げて、うまく整理したとしましょう。けれども、その問題点すべてに対して分析をし、対策を考える余裕や資源はないはずです（これは絨毯爆撃型）。どれか深刻な問題点に絞る必要があります。

　あるいは、ある問題点を解決するための方策が10個出てきたとしましょう。それを全部やる必要があるでしょうか。普通そういうことはせずに、よりよいと思われる方策や、お互いに矛盾しない方策を選ぶことになります。**重要なことに集中する**というのがビジネスの鉄則です。

　このように、いろいろな局面で、「どれが大切ですか？／重大ですか？」を考え、絞っていかねばならないのです。

・課題（論点）を絞る　　　　・問題（テーマ）を絞る

・原因（本質）を絞る　　　　・解決策（方策）を絞る

・アイデア（意見）を絞る　　・方針（基準）を絞る

ファシリテーターはまず、パッと思いついた案にさっさと飛びつきたがるメンバーに対抗して、粘らねばなりません。

> F　他にもいくつか解決策の候補を挙げてから、決めませんか？
> F　今はまずどんな論点があるか、挙げられるだけ挙げましょうよ。

次に、選択肢を出したら出したで、きっとメンバーは「あ〜、よくがんばった、もう終わりかな」と気を緩めているでしょうから、「この中から絞り込みをするのだ！」とハッパをかけていく必要があります。

> F　たくさん出ましたね。では、この中から良いものを選びましょうか。

技法2　選ぶ前に判断基準を決める

比較的単純な問題で、「やる／やらない」といったように選択肢が2つ程度なら、プロコン表を使ってメリットとデメリットを比較すれば答えは出るかもしれません。メリットが多くてデメリットが少ないほうを選べばよいのです。

ところが、甲乙つけ難い場合や、選択肢がたくさんあるときには、この方法

図4-1｜プロコン表

金曜日は16時に全員早帰りすべきか？

メリット	デメリット
・ダラダラと仕事をする癖が直る	・結局、自宅に仕事を持ち帰るだけ
・時短につながる	・16時以降顧客の対応ができない
・プライベートの用事が入れやすい	・夜のほうが仕事に集中できる
・職場行事がやりやすい	・早く帰ってもやることがない
・日が高いうちからビールが飲める	・早くから飲むと飲み代がかさむ

151

では通用しません。選択肢がずらりとテーブルに並び、どれも美味しく見える状態で、「さぁ、どれにしよう？」と選ばないといけないからです。

ここで私たちが陥りがちな落とし穴は、性急にどれにするか決めたがることです。レストランで昼食のメニューを選ぶときはそれでよいかもしれませんが、ロジカル・ディスカッションではそうはいきません。

選択肢の中でどれがよいかを議論したくなる衝動を抑え、ここは一歩引いて、まず選択肢の良否を判断する基準（着眼点）を皆で決めることです。

F　どれにするか決める前に、まず決めるための基準は？
F　この選択肢の中から、何を基準にして選びましょうか？

全員が納得できる妥当性の高い基準で選ぶ。これが合理的な結論を導くためのもう1つの条件です。

たとえば、旅行先を選ぶのに、「小学校が近いか」なんて基準で選ぶ人はめったにいません。たいていは、「休養できるか」「行って面白い所があるか」「食事が美味しいか」「リーズナブルな料金か」など常識的な基準を使います。

もちろん、物事を判断する基準に正解はありません。最後は価値観の話に帰着することも少なくありません。だからこそ「全員が納得できる」という条件がつくわけです。

代表的な基準としては、問題の大きさや周囲への影響度などが、問題を選ぶときによく使われます。解決策を選ぶ場合は、効果度合い、コスト、やりやすさ、スピード（長期／短期）、波及効果、リスクなどがあります。

あるいは、会社の方針（例：お客様第一主義）や世間のトレンド（例：環境への配慮）、文化や道徳（例：弱者に優しい）というのも、多くの人が支持する妥当性のある基準となります。どんな基準であろうが、全員が納得できる基準であれば結論に納得できるはずです。

ファシリテーターとしては、いろいろな基準を知っておくと、

F　効果が出るまでのスピードを基準にするのはどうですか？

といったような、基準の投げかけができるようになります。

基準を組み合わせて選ぶ

選択肢を絞る基準は1つとは限りません。旅行先を選ぶときのように、多くの場合、複数の基準を組み合わせて判断します。そうすると、どの基準を使うかだけではなく、各々の基準の重要度が問題となってきます。

F　今、我々がもっとも重要視すべき基準って、何でしょうか？

そういうときのために**意思決定マトリクス**というツールがあります。評価基準をいくつか並べて、重要度に応じて重みをつけて、選択肢を評価しようというツールです。こういった道具も覚えておくと、基準がたくさんあっても、望ましい選択肢を合理的に選ぶことができます。

やってみると分かるのですが、重みをつけないとどの選択肢も似たような評価になり、決着がつきません。重みの差を大きくつけることが選びやすくするコツであり、「どの基準を重要視するか」という価値観によって、選ばれる選択が決まってくるのです。

図4-2 | 意思決定マトリクス

基準 重み	収益性 ×3	実現性 ×2	スピード ×2	親和性 ×1	リスク ×1	合計
A案	1	10	1	8	10	**43**
B案	10	5	1	1	5	**48**
C案	6	7	6	4	6	**54**
D案	3	1	10	8	6	**45**
E案	3	3	5	10	1	**36**

基本動作⑩　上位概念をつくる

だから何なの？

　幅広い選択肢の中から１つを選ぶのではなく、すべての選択肢を満たす意見にまとめあげるのが「上位概念をつくる」です。結局のところ何が言えるのか、「だから何？（So what ?）」を考えて、それに対する答えをつくる——これが「上位概念をつくる」ときの基本になります。

　　F　Aさんは……で、Bさんは……で、Cさんは……ですね。とすると、
　　　　我々が言いたいことは何になるのでしょうか？
　　F　いろいろ個別の意見は出てきましたが、結局のところ何が言えるのでしょうか？

　上位概念をつくるには大きく３つの方法があります。テーマや選択肢に応じて使い分けたり、組み合わせたりして使ってください。

技法１　包含関係を調べて、代表する意見を選ぶ

　たとえば、新年度を迎えるにあたり、今年の職場の行動指針をみんなで議論しているとしましょう。ワイワイガヤガヤと話し合っていて、大きく次の５つにまで意見が整理できました。

　　　①思いやりと感謝の気持ちがあふれている
　　　②仕事を通じて新しい発見がある
　　　③つながりとやりがいが満ちあふれている
　　　④互いに認め合い、気持ちに深く共感できる
　　　⑤仲間となら一緒に新しい仕事に挑戦できる

　このままではまとめが大変なので、さらに整理していきます。「この意見はあの意見の中に含まれますね」という包含関係を明らかにするのです。

そうすると、①④はメンバーの気持ちや職場のムードに関するもの、②⑤は生み出す成果や効果に関するものとなります。③は、それらすべてを含んだ、より広い言葉となっています。どうやら③は、他の4つをカバーする上位概念だといえそうです。であれば、③をそのまま、まとめにしましょう。

> **F　他の意見を包含している③を活かして、「つながりとやりがいが満ちあふれている職場をつくろう！」というまとめでいかがでしょうか？**

　この方法は、新しく作文をする必要がなく、一番お手軽です。

　しかしながら、もっとも抽象的（あいまい）な意見が採用されがちで、エッジがなまる傾向にあります。どのチーム・組織でも当てはまりそうな、当たり障りのない言葉になってしまうのです。後々、その言葉を見たときに「それって、何だったっけ？」となりかねません。

　また、上位概念の意見を出した人は満足度が高くても、下位概念として吸収されてしまった人は、あまり面白くありません。下位概念の意見の中からいくつか特徴的なキーワード（例：挑戦）を拾って織り込むと、多少なりとも満足度が上がるはずです。

技法2　言葉をつむぐ

　2番目の方法は、各々の意見からキーワードをつまみだして、すべてを網羅する意見をつくるやり方です。①からは感謝、②からは発見、③はやりがい、④は共感、⑤は挑戦といったように。

> **F　では、各々の意見からキーワードを拾って、「感謝と共感を大切にし、新たな挑戦を通じて発見と成長ができる職場をつくろう！」というまとめでいかがでしょうか？**

　メリットとしては、すべての意見を平等に盛り込むことができ、全員の満足度が高くなる点が挙げられます。多少不満があっても反対意見は出しにくくなります。

　ただし、お分かりのように、単なる羅列では文章が長くなり、総花的になっ

てしまいます。意味が通りつつコンパクトにまとめる文章力が要求されます。キーワードの中でどの言葉をもっとも重要視するか、優先順位をつけて表現をすれば、多少メリハリがつきやすくなります。

技法3　裏にある共通の思いを引き出す

もう1つの方法は、それぞれの発言の裏にある共通の思い、イメージ、願望、真意(ホンネ)など、**隠れた本質**を引っ張り出すやり方です。

たとえば、①思いやりと感謝の気持ちがあふれている、というのはどんなイメージの職場なのでしょうか。そこではいったい何が起こっているのでしょうか。そのことを通じて何を実現したいのでしょうか。本当にやりたいことって何なのでしょうか。

こうやって、発言の裏にあるものを探り、皆が共通に持っている思いやイメージを探し出すのです。たとえば、次のようになります。

> F　皆さんが共通にイメージしているのは「**人と人の響き合いを通じて、互いに進化していける職場をつくろう！**」ではないでしょうか？

心の中にあるものをピッタリと言い当てる言葉が見つかれば、「そうそう、それが言いたかったんだ」と全員の合意がスッと得られます。議論の本質を見抜く「洞察力」と、それを的確な言葉に換える「表現力」が求められます。

ただ、気をつけないといけないのは、下手をすると「意訳」になってしまうことです。ファシリテーターにとって都合のよい言葉に変えてしまい、「確かにそんな感じなんだけど、なんか違うんだよね……」と、かえって真意を捉え損なうことになりかねません。

この方法を使うときは、試行錯誤を繰り返し、皆が納得いくまで言葉選びを繰り返しましょう。そういう意味では、ボキャブラリーが要求されるまとめだといえます。

> F　しっくりきませんか……。では「進化」を「深化」にするのではいかがでしょうか？　あるいは、「進展」や「発展」は？

156

図 4-3 ｜ 統合の3つの技法

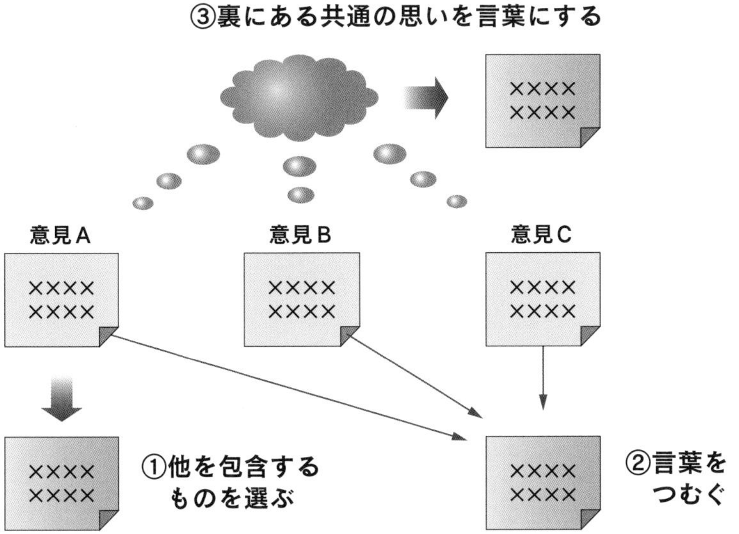

③裏にある共通の思いを言葉にする

意見A

××××
××××

①他を包含する
　ものを選ぶ

意見B

××××
××××

意見C

××××
××××

②言葉を
　つむぐ

うまくまとめるコツ

　どの方法をとろうが留意点はそんなに変わりません。**まとめとは複数の意見を要約すること**であり、多くは第1章で述べた話の繰り返しになります。

1）メッセージにする

　まとめる際に、名詞一言でまとめる癖を捨てましょう。先ほどの例でいえば、「明るい職場」といったまとめ方です。

　まとめというのは、論点（テーマ）に対する我々の答えです。「×××についてこういうことが言える／こうしたい／こうするべきだ」という"メッセージ"にならないといけません。

　「明るい職場」だけでは、着眼点として使える共通の要素を示したにすぎません。その着眼点で何が言えるのかを述べておらず、「明るい職場がどうしたの？」となってしまいます。必ず「何が言えるの？（So what?）」に対して答えているまとめにしてください。

157

２）論点に答えるメッセージにする

　実は、ある意見から導かれるメッセージは１つに決まるとは限りません。

　たとえば、職場のあり方について話し合っていて、誰かが「最近ウチの職場って暗いよね」という意見を言ったとします。これに対して「だから何？」を考えたらどうなるでしょうか。

　　・労働環境についてなら　　　→　「照明が足らないよ」
　　・職場の雰囲気についてなら　→　「ムードが沈滞化しているね」
　　・業績についてなら　　　　　→　「成績が落ち込んでいるね」

といろいろなメッセージが考えられます。

　このように、同じ情報・意見であっても複数のメッセージが出てくる可能性があります。どのメッセージが妥当かを決めるのは論点や状況です。そう意識しておけば、適したメッセージを選ぶことができるでしょう。

３）しっくりくる抽象度を探る

　では、論点に答えているメッセージならばどんなメッセージでもよいのでしょうか。次のまとめのメッセージを比べてみてください。

　　a)明るい職場をつくろう
　　b)笑顔があふれる職場をつくろう
　　c)笑顔と感謝の気持ちが満ちあふれる、明るい職場をつくろう
　　d)いつも笑顔を絶やさず、互いを認め合い、悩みや不安を共に分かち合い、
　　　思いやりのある職場をつくろう
　　e)ファイト一発！　元気な職場づくりはあいさつから始まる

　a)はどうみても抽象化・一般化しすぎです。これでは、具体的にどんな意見があったのかさっぱり分かりません。知恵を絞るのが面倒になると、こんなまとめになりがちです。

　逆に、具体的な意見をできるだけ活かそうとして、d)のようにしてしまうと、発言の棒読みと変わらなくなります。**意見をまとめるのは、意見を羅列するの**

とは違います。

　一方、e)は言いすぎで、そんな話は出ていません。「そこまでは言えないでしょ!?」「別にそんな話はしていないんだけど……」という状態です。元の意見から汲み取れない内容にまとめあげてしまっています。こういうときは、まとめた人の個人的意見がこっそり紛れ込んでいることが多いので、注意をしてください。

　抽象的すぎず、かといって羅列でもなく、そして個々人の勝手な意見が紛れ込んでいない。b)やc)のような、適度な抽象度のメッセージを探り当ててください。

4）小さい意見の塊から着手する

　最後に、なるべく小さい塊から着手して、メッセージを生み出すようにします。これは第3章の分類のコツと同じです。

　So what? を考えるときには、対象となる意見の塊は、はじめからあまり大きいものであってはいけません。大きいと、真意を抽出するのが難しくなり、どうしても「外部」「内部」とか「人」「モノ」「金」といった一般的すぎるキーワードしか出てきません。ここで言っているような、真意を捉えたメッセージをひねり出すことなどできません。

　悪い事例を1つ紹介しましょう。「わが社の会議の問題点」について議論していたとします。出てきた意見を大きく「一般論」「個別問題」に分類をして、それをそのまままとめとしました（図3-8参照）。「会議には一般的な問題と個別の問題がある」と。これでは、「ふ〜ん」で終わってしまい、これ以上議論が深まりません。

　ところが、「話がズレる」「発言する人が限定される」「時間が長い」と細かいところからまとめをしていけば、最後のまとめにも、メッセージがしっかりと残るはずです。よいまとめをするには、一時にたくさんの意見をまとめないようにしましょう。

159

| 統合 | **3** |

あなたの統合力は
どこまで通用するか

■理解度を高めるエクササイズ

演習：ブランド力を高めるために必要なものは

　ブランド力の向上を考える会議をしていますが、結論をどうまとめてよいか悩んでいます。あなたなら、どのようにこの議論をまとめますか。

A　おそらく、品質問題を解決しない限り、いくらカッコよいロゴをつくったり、洗練されたイメージのCMをやっても、ダメですよ。そもそも、ブランドは品質がつくるものですから。

B　それを言われると、ちょっと耳が痛いですね。商品の性能やデザインについては、他者には絶対に負けない自信があります。ところが、問題は、買ったときはよくても、長く使っているうちに故障することが結構あるんです。

A　そうそう、それそれ。私の友人に、そのせいで「二度とお前の会社の製品は買わないぞ！」と言われてしまいました。これはショックでしたね……。

C　それを言うならデザインだって同じかもしれませんよ。見かけはいいんだけど、ちょっとどこかにぶつけただけで、簡単に傷がついてしまいます。使っているうちに傷だらけになってしまい、せっかくのデザインが台無しに。

160

B　そうそう、初期故障とあわせてクレームが多いのは、その点なんです。ボディに傷がついたけど直らないかって。実際には、直すのは難しく、そっくり取り替えないといけない。その説明がまずいと、それがまたクレームになっちゃうんです。

C　要するに、商品だけではなく、サービスまで含んで品質を考えないといけないんだよね。だって、お客さんは長くウチの商品を使うんですから。

A　つまり、長く使っているうちに、商品に対してもそれをつくった会社に対しても、愛着が湧いてくるというようになっていないのが、問題なのかもしれませんね。

C　というか、顧客が求めている品質と我々が提供している品質にギャップがあるんじゃないですか。本当に顧客が求めている品質を、我々が提供できていないんですよ。きっと。

B　ブランド力を向上させるには、品質の話を避けては通れないというわけですね。まあ、当たり前といえば当たり前の話ですが、そこは外せませんよ。

A　分かりました。では、今日の結論の1つとして「品質の問題」を挙げるということで、ここにキーワードとして書いておきましょう。他に、ありませんか？

図 4-4　まとまりのない議論

解説：まとめ次第で意味が変わってくる

　踏み込んだ意見がたくさん出たのに、まとめが「品質の問題」だけではもったいない気がします。後で振り返ったときに「品質の問題って何だっけ？」となり、また同じ議論を繰り返す羽目になりかねません。会議に参加しなかった人に、この言葉だけ伝えても中身がサッパリ分かりません。

　「品質の問題」というのは、着眼点を述べたにすぎません。メッセージになっておらず、とてもまとめと呼べません。どんなまとめがよいか、いくつか例を挙げながら、本章で述べたことを復習していきましょう。

<まとめ例１>故障が多く、傷がつきやすく、サービスでの対応も悪い

　皆が指摘した問題を現象レベルで拾っていけば、言葉をつまんで、こんなまとめになります。一応すべての意見を網羅していますが、ちょっと総花的かもしれません。もし故障の問題が大きいなら、それだけを取り出してまとめとしてもよいかもしれません。

<まとめ例２>長く使っているうちに、商品や会社に愛着が湧いてくるようになっていない

　Ａさんの意見をそのまま使ってまとめてみました。みんなの意見をある程度カバーしており、問題の本質を捉えている感じがします。エッジも立っており、先ほどの現象レベルのまとめよりは一歩踏み込んだまとめになっています。

<まとめ例３>本当に顧客が求めている品質を、我々が提供できていない

　Ｃさんの意見もみんなの意見を代表しています。ですので、まとめとしてそのまま使えるのですが、あまりにも紋切り型でエッジがなまってしまいました。後で「具体的にはどういうことだっけ？」となりそうです。もう少し個々の発言の主旨を残したほうが分かりやすくなります。

<まとめ例４>商品への過信が品質への甘えになっている

　この言葉はどの発言にも出てきていません。そういう意味では意訳になるのですが、全員の心の中にある「隠れた本質」をうまく表現しています。「そうそう、

それが言いたかったんだ」となれば、まとめとして優れています。上級レベルのまとめだと思います。

　このように、同じ発言でもまとめ方によってニュアンスがずいぶん違ってきます。どれが正解というのはありません。メンバーの納得感を見ながら、一番しっくりくるものを選びましょう。

実践のヒント④

Q　論理思考を鍛える手軽なトレーニングはありませんか？

A　論理思考は、普段からトレーニングしないとなかなか身につきません。文章を書くとき、人と話をするとき、日ごろのコミュニケーションの中で少しロジカル・シンキングを意識してみましょう。そのためにうってつけなのが、「PREP法」と呼ばれるプレゼンテーションの技法です。こんな順番で論理を展開するのです。

　　P：Point（主張）　「今日私が言いたいのは……です」
　　R：Reason（根拠）「その理由は……です」
　　E：Example（事例）「たとえば、それは……ということです」
　　P：Point（まとめ）「つまり、私の意見は……です」

　　主張と根拠が明確に示され、事例があるおかげで具体性も高まります。しかも、自分が話をしたい順番ではなく、相手が聞きたい順番に並んでいます。自分の頭の中が整理できるだけではなく、聞いているほうも分かりやすくなります。

　　さらにロジカル度を上げるために、「ナンバリング」という技を加えてみましょう。たとえば、PREP法の理由を述べるところで、「その理由は3つあります。1つめは……」とやるやり方です。ナンバリングで3つをよく使うのは、第3章のMECEの説明で述べたとおりです。

統合力を高めるトレーニング

整理と統合の総合トレーニング

　第3章の付箋練習その3は統合力を高めるのにも使えます。

　ただ、ここでの練習の焦点は、各グループに分類された個別意見を統合し、しかもテーマに答えている、ぴったりしたメッセージをつむぎ出すことです。

　5〜6個のグループに対してメッセージを出したら、それらをさらに上位に統合できないかを検討します。

　ポイントは、先ほど述べたように、こまめにグループ化すること。それでも的確なメッセージを引き出すのが難しい人がいます。たとえば、皆さんがよくやるまとめは図4-5の上の図のようなものです。会議の問題点について、カードで整理していると思ってください。

　こまめにグループ化したのはよいのですが、まとめの言葉がお粗末です。「論点」「会議そのもの」「発言者」「日程調整」では、次の議論が湧き起こってきません。これまた「ふぅん」で終わってしまいます。「グループ化したけれど、それにどんな意味があったの？」とファシリテーターもメンバーも首をかしげるのはこういう状態です。

　そこで、ちゃんと「わが社の会議の問題点は何？」という論点に答えることを意識して、メッセージをつくってみましょう。たとえば、図4-5の下の図のように。こうまとめれば、「わが社の会議の問題点は何？」という問いに対しては、まとめのメッセージ"だけ"を見ればだいたい概略がつかめます。

　さらに、このようにまとめれば、その瞬間に「本当に会議時間は長いのか？　誰か裏づけデータを持っていないか？」「本当に会議は多いか？　みんな、会議のせいにしているだけじゃないのか？」「論点を押さえた話し合いができないのと、会議がムダに長くしかも多いのと、どちらが深刻なんだ？」といった意見が噴出してきます。まさにこれが狙いどころです。まとめのメッセージに触発されて、そのまとめの検証や相互比較が自然に始まり、議論が続いていきます。

　まとめのメッセージの力は絶大なのです。

図 4-5 | 良いまとめと悪いまとめ

悪いまとめ

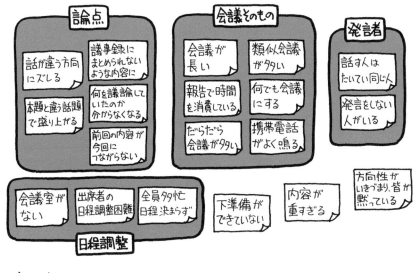

良いまとめ

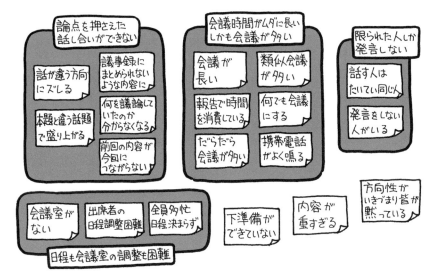

盛り上がれるテーマ案

統合のトレーニング方法は、似たような意見を寄せ、それをじっとにらんで、結局何が言えるのかを考える練習を積むことに尽きます。ここでは、お勧めのテーマをいくつか紹介しましょう。

1）「こうしたい」〜ちょっとしたビジョンを考える

「○○○をこうしたい」というテーマで皆で意見を出します。○○○には、「ウチの職場」「私たちの会議」「僕たちのチーム」「今度のイベント」「私たちの町」などを入れてみてはどうでしょうか。

2）「よいところ」

「○○○のよいところ」というテーマで意見を出し、それをトレーニングに用います。○○○には、「ウチの職場」「ウチの会社」「僕たちのチーム」「誰か個人」「私たちの町」などが使えそうです。

3）市場動向を考える

ビジネス向きですが、自分たちの事業の市場の動きを書き出して、それをトレーニングに用います。3C分析の市場分析に当たると考えればよいでしょう。

共通点探し

統合するときに大切なのは、バラバラに見える意見の共通点を見つけ出す力です。それを鍛えるためにこんな練習はいかがでしょうか。

手近にある辞書を適当に開いて、単語を3つ選び出します。メロン、徹夜、プロ野球、といった具合に。できるだけ関連のない言葉のほうがトレーニングになります。

言葉が選べたなら、それを紙に書いて何か共通点がないかをブレーンストーミングします。たとえば、ワクワクするとか、やり（食べ）すぎると体に悪いとか。共通点は1つとは限らず、できるだけたくさん見つけましょう。

もう1つは、3つの単語を結びつけてストーリーをつくる練習です。メロンを食べながら徹夜でプロ野球のビデオを見た、といった具合に。こちらも、いろいろなストーリーをつくって出来映えを競います。

コンセンサスゲーム

　姉妹編『チーム・ビルディング』で紹介したコンセンサス（ランキング）ゲーム
は、判断基準を考える力を鍛えるのに最適です。

　たとえば、理想の上司像に近い人を著名人（芸能人、スポーツ選手、歴史上
の人物、政治家、文化人など）の中から7人ほど選び出します。集まったメン
バー1人ひとりで、優れた人から順番にランクづけをします。全員のランクづ
けが終わったら、グループとしてのランクづけを議論します。

　そのときに、妥協、取引、多数決などを使って無理に1つにまとめてはいけ
ません。答えを出すことが目的ではなく、どんな基準でランクづけをすればよ
いのか、全員が納得できる合理的な基準を話し合うことが大切だからです。

　他にテーマとしては次のようなものがあり、メンバーが気軽に話せるものを
選ぶようにしてください。

・組織にとって今一番必要とされているもの

・仕事をする上で大切にしているもの

・これからのビジネスパーソンにとって重要なスキル

・組織変革を成功させるのに欠かせないもの

図4-6 ｜ランキングゲーム

		イチロー	オバマ	北野武	徳川家康	黒木瞳	久本雅美	所ジョージ
自分の順位		3	7	1	4	5	6	2
1	山田くん	5	1	3	2	6	4	7
2	田中さん	2	5	7	6	1	3	4
3	加藤くん	6	4	2	7	3	5	1
4	山本さん	1	5	4	7	6	2	3
5								
チームの順位								

統合	4

現場で使える実践的な
統合テクニック

まとめには考える時間が要る

あらかじめ見込んでおこう

　議論をまとめるのはそう簡単な作業ではありません。何が飛び出すか予想が
つかないときはなおさらです。ファシリテーターといえども、ある程度の考え
る時間が必要です。

　会議やワークショップの中で、まとめを考える時間をあらかじめ見込んでお
くことが、うまいまとめをするための秘訣です。

　進行のスケジュールを前倒し気味でつくっておいて、最後のまとめに時間的
な余裕を持たせておく。前半戦でたっぷり意見を出した後、長めの休憩を入れ
て、その間に後半戦の整理とまとめの作戦を考える。1泊2日のワークショッ
プなら、初日はとことん言いたいことを言い合って、夜の間に翌日の収束に向
けてまとめのイメージを考える……そういう工夫をあらかじめしておきましょ
う。

　このときに気をつけてほしいのは、そうやって考えたまとめを、「ジャ〜ン、
こんな感じでまとまりました」と、いきなりメンバーにぶつけないことです。

　まとめ作業に加わってないメンバーからしたら、それが本当に自分たちの意
見の集大成になっているのか判断できず、納得感が下がるからです。ファシリ
テーターが自分に都合のよいようにまとめたんじゃないか、という疑いの気持
ちすら芽生えてきます。

時間がないときは仕方ありませんが、なるべくなら、ファシリテーターがやったまとめのプロセスを再現しながら、お披露目するようにしましょう。そうすれば、多少なりとも納得感が高まります。納得感は参加から生まれることを忘れないでください。

自分が考える時間をとる

　そういう意味では、みんながいる場でみんなと一緒にまとめをやったほうがよいに決まっています。でも、それでは考える時間がありません。

　そういうときに活用したいのが**休憩時間（ブレイク）**です。「おおむね意見が出そろったので少し休憩をしましょうか」とブレイクを宣言して、その間に意見の整理やまとめを考えるのです。みんなから見えるところで。ときには近くのメンバーに手伝ってもらい、一緒に知恵を絞るのもよいでしょう。

　それもやりにくいときは、皆がグダグダと議論をしているときを狙います。議論が前に進まずグルグル回っているときは、まとめを考える好機です。不毛な議論はしばらくメンバーに任せておいて「さて、これをどうやってまとめようか……」と、整理・統合のやり方を考えるほうに知恵をめぐらします。おおよその目鼻がついたら、「そろそろまとめに入りたいので、これくらいで皆さんよろしいですか」と議論に割って入るのです。

図 4-7 │ 休憩中に考える

どうやってもまとまらない……

　ここからは、うまくまとめができない人のために、いくつかの実践的なアドバイスを述べていきます。

ここまでの議論を総括する

　あせればあせるほど議論がまとめられなくなります。先を急ごうとせず、一度これまでの議論を総括（レビュー）してみてください。

　まとめの前にいったん立ち止まって、どんな意見が出てきたか、現時点でどこまで決まったかを、ホワイトボードを使って総括して確認します。メンバーに討議の全体像をあらためて認識してもらうと同時に、ファシリテーターもこれまでの流れを復習します。

　そうすることで、議論全体の流れや個々の意見の位置づけが見えてきます。意識の切り替えもできます。私たちはどうしても直前に討議していた意見に引きずられ、全体の流れを見落としがちになります。それではよいまとめはできません。

　それと案外大きいのがチェンジ・オブ・ペースの効果です。皆さんも、休憩時間になったらふと斬新なアイデアや抜けている視点に気がついた……という経験があると思います。集中して考えた後、ちょっと気を抜いたときにアイデアは出やすいのです。実際に、議論を総括しているときにまとめ方を思いつくことはよくあることです。

　総括は、ダラダラと時間をかけてやってはいけません。個々の意見をご丁寧に全部説明する必要はなく、ホワイトボードを指し示して、「こんな流れでしたよね」で十分です。押さえたいポイントは次の4点です。

　　・議論がどんな流れだったか（経緯）
　　・何が決まって、その理由は何だったか（論理構成）
　　・何と何が対置されているか（対比）
　　・何が決まって／合意できているか（決定／未決事項）

前提を合わせる

　まとめがうまくいかないときによくあるのは、意見があまりにバラバラだ、というものです。論点が微妙にズレていたり、レベルが合っていなかったり、軸が合っていなかったり、です。

　その多くは議論の前提がズレていることから起こります。一番多いのはゴール意識です。

　そもそも、今日は何を決める会議なのか、決めるとしたらどのレベルまで決めるのか、決めないとしたら何を本日の成果にするのか──会議の到達点がメンバー間でズレているのです。これでは、いくらまとめようと思ってもうまくいきません。そもそも論に戻って、今日は何をする会議なのか、皆に確認するとよいでしょう。

　もう１つ前提で食い違いがちなのが、言葉の意味です。同じ言葉を違う意味で使っているので、意見がまとまらないのです。こちらは案外気がつきにくく、議論が堂々巡りになる大きな原因の１つです。出てきた意見の中で共通に使っている言葉があったら、その意味を各人に尋ねてみてください。どこかに認識の違いがあるかもしれません。

対立があってまとまらない

　メンバー同士に対立があるときに議論をまとめるのは大変です。多くの場合、論理だけではなく感情も絡んできます。意地と意地のぶつかり合いになることもあります。世界観が根本的に違うという場合もあります。

　対立があるときのまとめ方については、本書の範囲を超える大きなテーマなので別の機会に譲ります。ここでは、対立解消のポイントだけを指摘しておきます。

　１つは、互いの言い分を正しく理解することです。立場が違えば考え方の枠組みが違います。自分の立場で相手の言い分を解釈すれば、当然誤解が生まれます。相手の立場に立って発言の妥当性を考えましょう。「どちらも正しい」と思えるようになってはじめて、対立から抜け出すための議論ができるようになります。

　２つめに、対立点ではなく一致点を見つけ出すことです。対立の多くは、手

段や方法論に関するものです。その議論は棚上げにして、みんなが一致できる目的や目標を見つけ出してください。互いを敵ではなく、共通の目的を達成するために協力する仲間にするのです。

3つめに、どちらが正しいのかという議論をやめ、**どうやったらみんなが満足できるかを考える**ことです。1つの目的に対して手段はいろいろ。それを自分が主張する手段しかないと思い込むと、折り合える点がなくなります。第2章で、頭の堅さを打ち破る質問法を説明しました。あの方法を駆使して、みんなが折り合える新しいアイデアを全員でつくっていきましょう。

どうしてもダメなら、みんなの力を借りよう

どうやってもまとめ方が思いつかないこともあります。やはりそのときは、恥ずかしがらずにメンバーの力を借りるしかありません。

統合の段階になると、1人でまとめをやろうと奮闘したり、ホワイトボードと2人の世界に入ってしまうファシリテーターをよく見かけます。その間、メンバーたちは、後はファシリテーターにお任せとばかり休憩モードに入ってしまいます。

ファシリテーターはあくまでも脇役（サポーター）であって、主役は議論しているメンバーです。統合作業もメンバー自身がやるべきであり、それを「容易にできるようにする」のがファシリテーターです。ファシリテーターがまとめをするわけでは"本来は"ないのです。

メンバーの力を借りることは決して悪いことではなく、むしろメンバーの参加と知恵を引き出すという意味では、望ましいことです。正直に自分の心を開けば必ず誰かが助けてくれます。遠慮せず、恥ずかしがらず、メンバーを信じて「まとめ方が思いつかない」と投げかけてみてください。

F　今すぐによいまとめ方が思いつかないのですが、何かアイデアをお持ちの方はいらっしゃいませんか？

F　いや〜困った。あまりに複雑で、とても私ではまとめきれませんね……。皆さんなら、どのようにこれをまとめますか？

F　このままではまとまりませんね……。ここから先、どんなふうに進めていけば、これがうまくまとまっていくと思いますか？

第5章

構造化する
Frame-working

5

基本動作⑪ 構図（パターン）を選ぶ

基本動作⑫ 切り口（視点）を選ぶ

構造化 | **1**

なぜ枠組みが大切なのか

⸻ 美味しいところを持っていかれた

　新規事業を立案するプロジェクトの事務局をやっていたときの忘れられないエピソードです。キックオフをして２カ月。社会変化や技術トレンドなどの調査を終え、新ビジネスのアイデア合宿（１泊２日）をすることになりました。

　最初は、メンバー各自が暖めてきたネタを披露し合い、一品一様のカードに書き出して整理をします。さらに、貼り出されたカードを見ながら、ブレーンストーミングで新しいアイデアを出していきます。

　ところが、すぐに行き詰まってしまい、「何かありませんか？」と水を向けても、みんな腕組みをして考えるばかり。出てきたアイデアに優劣をつけようにも、決め手がありません。ボソボソとかみ合わない議論が続きます。

　わずか半日で暗礁に乗り上げてしまうなんて予想もしていませんでした。どうしてよいか分からず、冷や汗が流れるばかりで、正直あせりました。

　そんなときに現れたのが、当時の上司だった部長でした。晩の懇親会だけ参加する予定だったのですが、様子を見るために早めにやってきたのです。早速、ホワイトボードに貼り出されたアイデアカードを腕組みして眺めています。それを固唾を呑んで、みんなが見守ります。

　しばらくして「そうか」とつぶやくと、青いペンのキャップをとった部長。「たくさんアイデアが出ているようだけど、こういう枠組みで考えたらどうだろう」といって、従来市場⟷新市場、従来製品⟷新製品という２軸のマトリクスを書いたのです。そのときは知らなかったのですが、「アンゾフの成長マト

174

リクス」と呼ばれるフレームワークです。

これには、まさに目から鱗。今までのアイデアが綺麗に整理できるじゃありませんか。新製品の領域に、アイデアが偏っていることも一目瞭然。従来製品&新市場の領域は考えもしていないことにも気がつきました。

4つの領域のうち、わが社としてはどこにチャンス（機会）とリスク（脅威）があるのか、見落としていた重要な論点も見つかりました。トンネルを抜けてパッと目の前が開けた感じがしたのを、今でもよく覚えています。

後を任された私は、この枠組みを使って、アイデアの新しい組み合わせを考えたり、アイデアの優先順位を議論したりしました。その後は、もはや議論が硬直状態に陥ることはなく、最後までワイワイと活気ある話し合いを続けることができました。もちろん、新事業の大きな方向性をみんなで共有する、という当初の狙いが達成できたのは言うまでもありません。

▰共通の枠組みがつくれるか

人はそれぞれ考え方の**枠組み**を持っています。議論で大切なのは、互いの枠組みの違いを十分理解し合った上で、議論の土台となる共通の枠組みをつくることです。

そうすることで、同じ土俵で議論できるようになり、意見をかみ合わせやすくなります。アイデアのかけ合わせも効率的に行えるようになります。しかも、枠組みのつくり方によって結論も大きく変わってきます。皆が納得できる枠組みができるかどうかで、答えが出せるかどうかが決まってくると言っても過言ではありません。

だからといって、いつもみんなで共通の枠組みを一から考え出す必要はありません。先ほどのエピソードのように、「こういうときにはこう考えればうまくいく」と、先人たちが培ってきた枠組みがあるからです。それを利用しない手はありません。

本章では、「どうやったら議論の枠組みを効果的につくることができるか？」をテーマにそのためのテクニックとツールを紹介していきます。

構造化 | 2

議論の土俵を定める

フレームワークを使いこなそう

フレームワークが思考を加速する

議論の大まかな流れに沿って、要約→検証→整理→統合の作業を繰り返せば、いつかは結論という名の終着駅に行き着くことができます。それを、加速し、簡単にできるようにしてくれるのがフレームワークです。

フレームワークとは、議論の土俵となる考え方の枠組みです。全員が共通に持つ地図に相当するものです。

たとえば、人は「やるべきか／やめるべきか」といった判断に迷う状況では、メリット／デメリットの2つに分けて考えるという枠組みを使います。これがフレームワークです。

時間軸で考えるフレームワークもあります。ゴーギャンの作品に「我々はどこから来たのか，我々は何者か，我々はどこへ行くのか」というものがあります。ビジネスでもよく使う、過去→現在→未来と時系列で考えるフレームワークです。

もっといえば、本書もフレームワークで成り立っています。ファシリテーターの役割を、〈個人への働きかけ－集団への働きかけ〉〈統合する－分析する〉の2軸で分けました（図0-3）。それをもとに［要約］［検証］［整理］［統合］［構造化］の5つの機能について述べています。ともに、筆者がつくった新しいフレームワークです。

フレームワークの3つのメリット

フレームワークには次のような利点があります。

①意見が出しやすくなる

漠然と「この論点について意見をください」と言われるより、「この枠組みのこの観点から意見をください」と言われたほうが、出しやすくなります。第3章で述べた「分ける」と「分かりやすくなる」という効果です。

②かみ合いやすくなる

多くの場合、議論がかみ合わないのは、互いの考え方の枠組みが違っているからです。問題を二項対立で捉えている人と時間軸で捉えている人とでは、同じ論点に対して議論していてもかみ合いません。両者が合意した同じ土俵で議論をする必要があります。

③ヌケモレが防げる

理想／現実、衣／食／住、5W1H、4Pといった、既存のフレームワークは、論点の全体像をカバーしながらも、ヌケモレがないようにつくられています。切り口がMECEになっているわけです。そういうものを活用することで議論のヌケモレが防げます。

図 5-1 | フレームワークを使った議論の様子

フレームワークの成り立ち

フレームワークは2つの要素から成り立っています。1つは、枠組みのパターンです。**構図**といったほうが分かりやすいかもしれません。

先ほど述べた例でいえば、二項対立、マトリクス、時間軸といったものはすべてパターンです。ほとんどの世の中の事象は大きくいくつかのパターンで整理できます。どの構図を当てはめるかで、おおよその考え方の枠組みは決まります。

もう1つは視点や**切り口**です。同じ二項対立の構図でも、メリット／デメリット、理想／現実、短期／長期、費用／効果……など、どんな切り口を使うかで、枠組みは違ったものになります。テーマやメンバーに応じて、考えやすい切り口のセットを当てはめなければいけません。

構図と切り口の組み合わせ、これがフレームワークの正体です。

ファシリテーターの2つの基本動作

こう考えていくと、ファシリテーターが果たすべき役割は2つになります。

（1）構図（パターン）を選ぶ……　基本動作⑪

今の論点を考えるのに最適な構図を選んで提案します。いくつかの代表的なパターンの中から、もっともふさわしいものを選びましょう。

F　ここは2つに分けて考えてみませんか？

F　たぶんツリーで整理すると、分かりやすくなると思うんですが……。

F　マトリクスと時間軸だったら、どちらが議論しやすいですか？

（2）切り口（視点）を選ぶ……　基本動作⑫

その構図に、どんな切り口を当てはめるのか、テーマに合った切り口のセットを考えて提案します。

F　メリット／デメリットで比較してみましょうか？

F　評価軸を2つ選ぶとしたら、何と何がよいですか？

F　ここはマーケティングの4Pに分けて議論してみましょうか？

既存のフレームワークを活用しよう

といっても、勘違いしないでください。いつもファシリテーターがオリジナルのフレームワークを考えるわけではありません。

戦略立案、意思決定、組織開発など、会議の目的に応じてよく使うフレームワークはおおよそ決まっています。戦略立案だったら、3C、SWOT、5フォース、PPMといった具合に。本書では、世の中にあるフレームワークをできるだけ紹介したいと思っています。**ファシリテーションの道具箱**として。

フレームワークに慣れていない方は、まずはこういった既存のものを使いこなすところから始めてください。ホワイトボードにフレームワークを描いて議論を進めるのです。それだけでも、驚くほどロジカルになるはずです。特にオンライン会議では、積極的に使って議論の効率を上げるべきです。

ただし、冒頭の事例で述べたように、既存の道具だけではフレームワークの悪い点が露呈してしまいます。ですから、できれば、テーマに応じてオリジナルのフレームワークを考えられるようになってほしいと思います。

図5-2｜既存のフレームワークの例

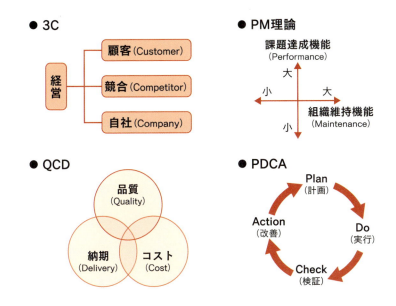

基本動作⑪ 構図（パターン）を選ぶ

　フレームワークには大きく４つの構図（パターン）があります。使用頻度の高いものから順番に紹介していきましょう。

モレなくダブリなく整理する「ツリー型」

　テーマを選ばず、応用範囲がもっとも広いのが第３章で述べたツリー型です。どの構図を選んでよいか分からないときは、ツリー型を使ってみてください。フレームワークをよく知らない方も、ツリーから始めるとよいでしょう。

　ツリーとは、テーマを大分類→中分類→小分類と、幹（マクロ）から枝（ミクロ）へと階層的に整理する構図です。経営資源を人／物／金で分けて、人をさらに一般従業員と管理職に分けて……といった具合です。

　こうすることで、たいていのテーマはスッキリと整理でき、全体像が分かりやすくなります。個々の意見の位置づけやレベルも分かります。ヌケモレのチェックもしやすくなります。

　ツリーのつくり方については、すでに説明をしました。トップダウンにしろ、ボトムアップにしろ、MECEにまとめるのがコツです。第３章で述べた４つのルールが役に立ちます。

　いわば万能型のツリーですが、もっとも威力を発揮するのは、**テーマを網羅的に検討したい**ときです。

　たとえば、問題解決のアイデアを100個出したが、これで十分に検討できているかどうか分からない、といった場面です。具体的には今まで散々コストダウンについて取り組んできたが、さらに乾いた雑巾を絞りたいといったケースです。

　まずはツリーで整理をして、大きな切り口を見つけると同時に、検討のヌケモレがないかを調べます。その上で、さらにアイデアを出したり、どのアイデアがよいかの優先順位を決めたりします。

図 5-3 ｜ ツリー型

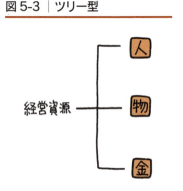

一刀両断に議論を切る「マトリクス型」

　ツリーの次によく使うのが、2つの切り口を組み合わせるマトリクス型です。これもテーマを選ばず、どんな場面でも使える優れものです。おそらく、ツリーとマトリクスの2つを使いこなせば、論点の7割くらいはカバーできるのではないかと思います。

　マトリクス型には**アナログとデジタル**の2タイプがあります。アナログの代表例がポジショニングマップです。商品ラインナップを価格と性能の縦横2軸で整理するもので、ポジションは連続的に変わっていきます。

　この場合には、軸の定義を具体的にするのがポイントです。今の例で言えば、何をもって性能を評価するのか、その基準がメンバーによって違っていたら、整理になりません。定量的に評価できる指標が求められます。

　加えて、キレのよい軸を選ぶのがポイントです。せっかく価格と性能に分けたけど、ほとんど同じポジションにかたまってしまった……では、やはり整理した意味がないからです。軸同士に相関関係があって、きれいに斜めに並んでしまった、という失敗もよくあります。

　マトリクスは、テーマを一刀両断に切るところが一番の魅力です。テーマの全体像をカバーしつつ、バランスよく意見が分けられる軸を選ぶのがポイントになります。

　一方のデジタルの代表例は、**表**です。行と列の組み合わせで物事を整理するもので、中間的なポジションがなく、AかBかといったように、完全に分けてしまいます。行に問題、列に担当部署を置いて、交わるところに対策を書く、といった使い方です。

図5-4｜マトリクス型

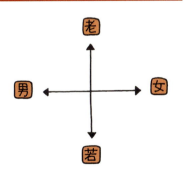

　表のよさは、行と列を組み合わせることで、網羅的に検討できるところにあります。ツリーと同じよさを持っているわけです。

　なので、行と列の切り口を決めるときは、なるべくテーマ全体をカバーしつつ、ヌケモレのないものを選ぶようにするのがコツです。

流れやつながりを整理する「フロー型」

　ツリーやマトリクスは、いわば「静的」な枠組みです。ある瞬間での整理であって、そこに時間の概念は入れられません。入れたかったら、「動的」な枠組みであるフロー型を使うしかありません。フローチャートのように、意見や論点を矢印で結んでいく構図です。

　物事のプロセスを扱うときにフロー型は威力を発揮します。業務のムダがどこにあるかを議論しているときに、業務の流れを整理して、流れの悪いボトルネック（狭隘部分）を探す、というのはよくやる手法です。

　ゴーギャンの例で述べた、過去→現在→未来と**時系列で考える**というのも、キャリアデザインなどでよく用いられます。時間の流れに沿って考えるというのは、人間の自然な発想に合うのです。

　もう1つあるのは**因果の流れ**です。ある事柄が起こるには、どこかに原因があり、その原因が起こるには、また違う原因があります。物事は原因と結果が連鎖的につながって起きており、それが事態を複雑にします。また、1つの現象に対して複数の原因がある場合もあり、原因と結果が循環構造になっているときもあります。

　こうなっては、原因と結果を丹念に矢印で結ぶフロー型でないと歯が立ちません。フロー型を使ってこんがらがった状況をいったん整理してから、どの手を打てば効率的なのかを議論していくしかありません。込み入った問題はフローを使うと覚えておくとよいでしょう。

　フロー型でよくある失敗は、あまりに複雑なプロセスを描いてしまうことです。いくら複雑な事象を扱えるといっても、それを理解する人間のほうに限界があります。整理はできたが、議論ができないといった状態になりかねません。複雑になりすぎるようなら、大きな流れを整理してから、小さな流れを整理するといったような、階層構造をつくるようにしてください。

図 5-5 ｜ フロー型

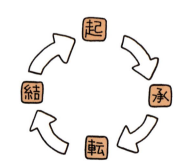

重なりが新たな発想を生む「サークル型」

　もう1つ、使う場面はそれほど多くないのですが、知っておくと便利な構図があります。いろいろな切り口の重ね合わせや、切り口同士の関係が表せるサークル型です。

　世の中には、スッキリと分けられないこともあります。たとえば、仕事は何のためにやっているか問われれば、経済的な面もあれば、個人の自己実現の部分もあります。社会への貢献として仕事をしている人もいるでしょう。それを、ツリー型やマトリクス型のように、どれかの切り口にスパッと収めることはできません。

　そういうときは、経済的側面／個人的側面／社会的側面の3つの輪を重ね合わせて書いて、3つが重なった部分に「会社の仕事」と書けばよいのです。切り口が重なっていたり、単純に区分けできないときは、サークル型が使えないか考えてみてください。

　サークル型では円の重なり具合で項目同士の関係を表します。円がまったく重ならなければ**独立**、重なっている場合は**交差**、大きい円の中に小さい円が含まれる場合は**包含**となります。これらを組み合わせれば、いろいろな関係が表現できるのですが、あまり複雑なときは、ツリー型やマトリクス型に変換することが多くなります。

　サークル型は、議論を整理するだけではなく、アイデアを広げるときにも使えます。サークル型で議論をまとめていくと、意見が集中している部分や、まったく意見が出ていない部分がよく分かります。議論が偏って、網羅的にアイデアが出ていないのかもしれません。空白部分を埋めるように促せば、議論に広がりが出てきます。

　また、いくつかの円を重ねることで、思ってもみなかった組み合わせが見つかる場合もあります。そういった可能性をつぶさに検討していけば、ユニークなアイデアが生まれるかもしれません。

図 5-6 ｜ サークル型

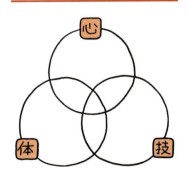

┃ 基本動作⑫ 切り口（視点）を選ぶ

知識量と試行錯誤が勝負の決め手

　今度は、選んだ構図に当てはめる切り口（視点）の話です。

　「アイデアは既存の要素の新しい組み合わせ以外の何ものでもない」（J.W.ヤング『アイデアのつくり方』CCCメディアハウス）という有名な言葉があります。言い換えると、まったく新しいアイデアなんて世の中にはなく、そんなものを探すのは時間のムダ、ということになります。

　アイデアを出すには、いろいろな情報に接して既存のアイデアをたくさん頭の中に入れておくこと。必要なときにスッと取り出せるようになっておくこと。組み合わせを考えること。この3つになります。

　切り口の話もまったく同じです。まずは、世の中にある切り口を、できるだけたくさん覚えておくことが、よい切り口を見つけ出す一番の近道です。それを次から次へと繰り出して当てはめていけば、必ずどこかでテーマに合ったものが見つかるはずです。知識量と試行錯誤の回数が決め手になるのです。

どんな切り口があるか

　最初に覚えてほしいのが、社会で広く使われている一般的な切り口です。図5-7にいくつか挙げてみましたが、どれくらいご存知でしょうか。おそらく、常識的なものばかりで、知らないものはないと思います。

　大切なのは、それが現場で取り出せるかです。知っていても取り出せなかったら、知っていないのと同じです。普段から本や新聞を読んで教養を高めるとともに、それを引っ張り出す訓練をしておきましょう。

　加えて、テーマに特有な切り口も覚えておく必要があります。後で詳しく述べますが、ビジネスでいえば、戦略立案、マーケティング、問題解決など、ビジネスの局面に応じて、よく使う切り口があります。ビジネスパーソンであれば、これらは常識的なものとして覚えておく必要があります。

　さらにいえば、ビジネス以外のものも覚えておくと、斬新な切り口として使えます。趣味、ボランティア、地域活動など、ビジネス以外の活動をされてい

る方は、ぜひ、切り口を増やすのに活用してみてください。

図 5-7 | 切り口の代表例

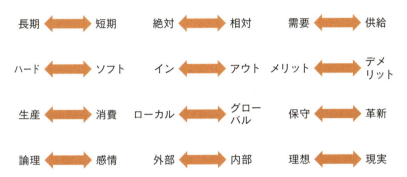

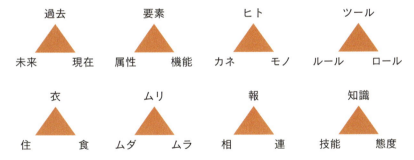

ビジネスフレームワークを活用する

ビジネスフレームワークとは

　こうやって、代表的な構図とビジネスでよく使う切り口を組み合わせたのが、いわゆる**ビジネスフレームワーク**です。

　多くは、経営学者や経営コンサルタントが、ビジネスを考える上での枠組みとして開発や提唱をしてきたものです。古典的なものから、最近流行のものまで、実にたくさんのフレームワークがあり、先人たちの努力に頭が下がります。それがあるから我々は、ロジカルにビジネスについて考えられ、世界中どこにいっても共通の土俵で議論ができます。

　ビジネスの世界に身を置く人はもちろん、そうでない方も、ビジネスフレームワークを使えば新たな発見があります。ロジカル・ディスカッションを目指すすべての人は、できるだけたくさんのビジネスフレームワークを身につけてほしいと思います。

　ここでは、ビジネスの局面に応じて、覚えてほしいビジネスフレームワークの代表例を紹介していきます。紹介しきれなかったものについては、巻末の「思考を加速する最強ツールボックス　フレームワーク集126」に載せています。いつでも手元に置いて参照して、ロジカル・シンキングやロジカル・ディスカッションに活用ください。

戦略系

　戦略立案のフレームワークは、まさに百花繚乱の状態で、毎年のように新しいものが提案されています。基本的なもので必ず覚えてほしいのがSWOTと3Cです。いずれも、地域社会のビジョンづくりや個人のライフデザインなど、ビジネス以外の分野でも使えます。

　SWOTでは、戦略を考えるにあたり、内部資源となる強み (Strengths) と弱み (Weaknesses)、外部環境変化となる機会 (Opportunities) と脅威 (Threats) の4つを洗い出します。一通り出せたら、これらを相互に組み合わせて、望ましい戦略を考えていきます。

・強み×機会：強みを活かして、機会をとらえる

・強み×脅威：強みを活かして、脅威を乗り切る

・弱み×機会：機会を活かして、弱みを克服する

・弱み×脅威：脅威に対して、弱みを守る

これら4つの要素を選ぶ基準はなく、強みも見方によっては弱みになります。言い換えれば、何を強みと考え、何を脅威と考えるかという、内部資源や外部環境に対する認知そのものが、戦略に他ならないのです。

3CもSWOTと同様に、内部資源と外部環境をつき合わせて、自社の戦略を考えるフレームワークで、市場（customer）、競合（competitor）、自社（company）の頭文字をとったものです。その他に、**バリューチェーン、PPM、5フォース**などもよく用いられています。

マーケティング系

マーケティングのフレームワークでもっとも有名なのが、マーケティングミックスを考える**4P**です。マーケティングを製品（Product）、価格（Price）、流通（Place）、販促（Promotion）の4つの視点で捉えるものです。マーケッターはこれら4つの要素を組み合わせて、最適のマーケティングプランを考えていきます。

図5-8 ｜ SWOT

強み（S）	弱み（W）
・先端技術の研究開発力 ・全世界の販売網 ・国内シェアナンバーワン ・大学とのコネクション	・顧客ニーズの把握力 ・低いブランドイメージ ・硬直化する組織風土 ・正社員の高齢化
機会（O）	脅威（T）
・情報化社会の到来 ・BRICS市場の台頭 ・公的規制の緩和 ・雇用形態の多様性	・少子高齢化社会 ・地球環境問題 ・企業間競争の激化 ・グローバル経済

内部の資源や課題を洗い出す

外部の環境変化を洗い出す

4Pは、送り手の目線になりがちなのが難点。そういうときは、受け手の目線で考える**4C**を使います。顧客価値(Customer value)、顧客コスト(Customer cost)、利便性(Convenience)、コミュニケーション(Communication)の4つです。

また、市場導入にあたっては、消費者をタイプ分けする**イノベーター理論**が役に立ちます。革新者(イノベーター)、初期採用者(アーリー・アドプター)、前期追従者(アーリー・マジョリティ)、後期追従者(レイト・マジョリティ)、遅滞者(ラガード)の5つです。

他に、**ポジショニングマップ**や**プロダクトライフサイクル**(PLC)などが、マーケティングのフレームワークとしては定番ものとなっています。

問題解決系

基本動作⑪「構図(パターン)を選ぶ」で説明した4つの構図を、そのまま問題解決したいテーマに応用すれば、すべて問題解決や業務改善のフレームワークとして使えます。

例を挙げれば、第3章でも紹介した**ロジックツリー**があります。問題の原因となる要素をヌケモレなく挙げて、着眼点を探し出すのに効果的です。また、それに特化した、**特性要因図**(フィッシュボーンチャート)もあります。

図5-9 | 4Pと4C

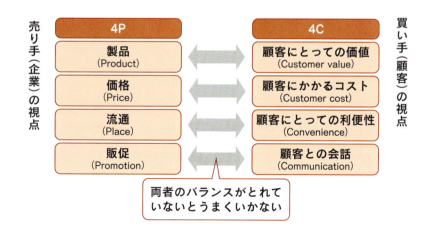

他にも問題解決のフレームワークは山のようにあります。日本が世界に誇る改善活動の推進に貢献した**新QC7つ道具**（親和図法、連関図法、系統図法、マトリックス図法、アロー・ダイヤグラム法、PDPC、マトリックスデータ解析法）はまさに問題解決のフレームワーク集です。

アイデア発想系

　自由にアイデアを引き出すときによく使うのが**マインドマップ**です。中心にテーマを書いて、出てきた意見を切り口別に分けて書いていく方法です。幹と枝を区分けすることで、樹状（アメーバ状）の形ができあがります。

　それに対して、半強制的にアイデアを出させるのが**マンダラート**です。3×3のマス目をつくって、中心にテーマを書きます。テーマを見ながら、思いつくアイデアを周囲の8つのマス目に書きます。その中からアイデアを1つ選び、そのアイデアを同じ要領で8つのアイデアに展開します。これを繰り返して、どんどんアイデアを出していこうというものです。

　アイデアの切り口が思いつかないという方には、発想の視点を集めた**オズボーンのチェックリスト**をお勧めします。他にも**加減乗除**や**要素／機能／属性**など、発想の刺激となる切り口もたくさん提案されています。

図5-10　オズボーンのチェックリスト

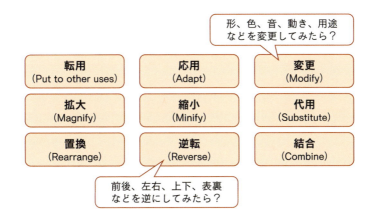

意思決定系

意思決定の場面では、マトリクス型のフレームワークがよく合います。

たとえば、やるかやらないかの二項対立の問題なら、前章で紹介した**プロコン表**を使います。賛成（pros）と反対（cons）に分けて意見を出し合って、どちらが優位かで決着をつけるやり方です。

評価基準が２つに絞り込めるのなら**ペイオフマトリクス**の出番となります。効果が大きい⇔小さい、簡単にできる⇔難しい、の２軸をよく使いますが、必ずしもこうする必要はなく、インとアウトの関係であれば何でもOKです。

一方、評価基準がたくさんあるのなら、同じく前章で紹介した**意思決定マトリクス**を使うのが一般的です。評価基準が自由に選べるので複雑なテーマでも扱えるのがありがたいです。シンプルにやるなら〇△×で、きっちりやるなら点数づけをします。いずれも、重みの置き方が大切で、そこをしっかりやらないと納得感のある結論が導けません。

マネジメント系

マネジメントのフレームワークで広く普及しているのが**PDCAサイクル**です。計画（Plan）、実行（Do）、検証（Check）、改善（Action）のサイクルを回しなが

図 5-11 ｜ペイオフマトリクス

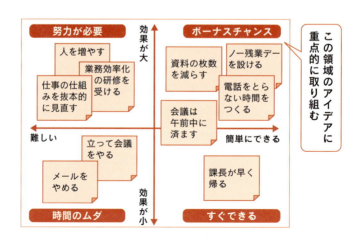

ら、目標を達成しようという考え方です。あわせて使いたいのが**5W1H**です。Why、What、Who、Where、When、How（How muchを加える場合もあり）の観点でテーマを押さえようというものです。コンセプト立案や行動計画づくりから、資料作成や**報連相**（報告、連絡、相談）まで、ありとあらゆる場面で使えます。切り口が多すぎる場合は、**3W**（What、Who、When）に絞ることもあります。

　もう1つお勧めなのが、プロジェクトマネジメントでよく使われる**KPT**です。最初は、自分たちの行動を振り返って、うまくいったこと、すなわち継続すべき点（Keep）を挙げます。次に、うまくいかなかったこと、問題点（Problem）を洗い出します。そして、それらを踏まえて最後に、次回に向けてチャレンジする点、挑戦（Try）を挙げていくのです。こうやれば、効果的に振り返りができます。

業務改善系

　改善点を見つけ出す切り口としてよく用いられるのが、ムリ、ムダ、ムラの**3M**です。**ムリ**とは、必要とされるもの（目的）に対して、供給（手段）が下回り、過度の負荷がかかっている状況です。逆に、**ムダ**とは、必要とされるものに対して供給が上回り、余っている状況です。

図5-12 ｜ KPT

うまくいったことは、継続して続けよう	今後に向けて、新しいことにチャレンジしよう
K ・事前に詳細な計画をつくった ・関連部門の協力を求めた ・毎週振り返りをやった ・メーリングリストを活用した	**T** ・引継ぎをちゃんとやる ・予算に余裕を持たせる ・メール以外の連絡手段を ・スタートを3カ月前倒しする ・想定Q＆Aをつくっておく ・新しい人材を発掘する ・コンセプトを練り直す
P ・最後の1週間は突貫工事に ・予算に大幅な狂いが出た ・動ける人が足りなくなった ・人によって対応に差が出た	

うまくいかなかったことは、やり方を変えよう

それらに対して**ムラ**とは、バラツキがある状態であり、ムダとムリが交互に現れていると考えると分かりやすいです。3つとも非効率の現れであり、何らかの手を打たなければ、大きな問題を生み出す元凶となります。

この中でムダを減らすには、余計なものやムダなものを**排除**してしまうのが一番の近道です。それが無理なら、バラバラになっているものを1つに**統合**すれば、時間やコストが削減できます。さらに、仕事の手順を入れ替えたり、他のものに置き換えたりができないか、**交換**を考えてみるのも手です。そして最後に、もっと簡単なやり方で同じ結果が出せないか、仕事を**簡素**にすることを考えます。英語の頭文字をとって**ECRS**と呼びます。

組織開発系

組織は**人**／**仕組み**／**風土**をつくることで決まるとよくいわれます。人については、**知識**(knowledge)／**技能**(skill)／**態度**(motivation)で捉えるのが一般的で、それぞれにさらに細かいフレームワークがあります。

この中で技能と態度を2軸で捉えた**Will-Skillマトリクス**は、人材開発を考える上で有用な手がかりを与えてくれます。十把一からげに人材育成を考えるのではなく、本人の個性に合った指導法を考えるべきだというのです。部下の

図5-13 │ ECRS

指導や研修の企画に有用なフレームワークです。

リーダーシップに関するフレームワークも、人材開発に欠かせません。代表的なのが、リーダーシップを課題達成機能（Performance function）と集団維持機能（Maintenance function）の2軸で捉える**PM理論**です。それによってリーダーを大きく4つのタイプに分けて考えようというのです。

このような人をタイプ分けするフレームワークは、**ソーシャルスタイル理論**や**MBTI**などたくさん考案されています。

コミュニケーション系

説得力のあるプレゼンテーションを行うためのフレームワークがいくつかあり、**FABE**はその代表選手です。特徴（Feature）、利点（Advantage）、利益（Benefit）、証拠（Evidence）の順番に話をすると説得力が高まります。第4章のコラムで紹介した**PREP**も論理的なコミュニケーションが求められる場で役に立ちます。

一方、コミュニケーションそのものを考えるのに、**主張／背景／意味、コンテンツ／プロセス**、**論理／感情**などさまざまなフレームワークが提案されています。

図 5-14 ｜ Will-Skill マトリクス

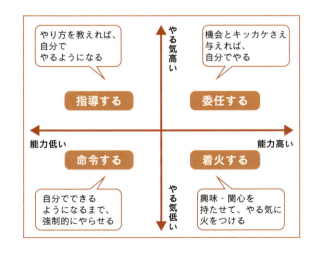

| 構造化 | **3** |

あなたの構造化力は
どこまで通用するか

▰ 理解度を高めるエクササイズ

演習：どうすればプロジェクトが効率化できるか

「プロジェクトの効率化」について３人で話し合っています。何かチグハグな感じがしますが、いったいどこに問題があるのでしょうか。各人の考えている枠組みを探した上で、どんな枠組みで議論すべきかを提案してください。

A　30％も効率をアップさせるには、仕事の仕組みの話もありますが、メンバー１人ひとりの能力をアップさせることが、避けて通れないと思いますね。なかでも急務なのは、個々のメンバーの専門的な知識を大幅に増やすことでしょう。

B　その点は当然なのですが、どちらかといえば長期的な話になりますよね。それよりも、仕事のムダを省くほうが手っ取り早いような気がします。特に問題なのが、業務の壁というか、セクションとセクションの間の業務の流れの悪さです。

C　ムダという意味では、本当に必要な仕事に工数が割かれているのか、一度チェックしてみる必要はないでしょうか。最近、忙しいわりにはアウトプットがあまり上がっていないような感じがします。皆さんもそうじゃありませんか？

A　それは、スキルが足りないことが大きいんじゃないですかね。たとえば、

表計算やデータベースのソフトをうまく使いこなせず、分析をするのにやたら時間ばかりかかる人がいますよね。
B　そうそう。そういう人のところで仕事が滞ってしまって、プロジェクト全体が動かなくなってしまうことがよくあります。それに、前半の工程の遅れが後半のしわ寄せとなり、最後はみんなで突貫工事になることも多いです。
C　そうなるのは、緊急で対応しないといけない、突発的な仕事に手をとられるからですよ。緊急の仕事と重要な仕事は分けて考えないと、いつまでたっても「貧乏暇なし」になってしまいます。
A　だから、メンバーのモチベーションも下がってしまうんですよ。気持ちの持ち方1つで業務効率なんてすぐに上がります。そこもぜひ、議論をしたいところですね。
B　おっしゃるとおりです。せっかく自分の仕事が片付いたと思ったのに、前の工程でミスがあったために、もう一度やり直しをさせられるのは、本当にたまりません。そういった手戻りがやる気を一番削いでしまいます。
C　本当にそうです。みんながもっと「いま何が大切か」と考える姿勢を身につければ、いくらでも効率化ができると思います。要するに要領が悪いんです。我々は。

図5-15 | 枠組みがそろっていない会議

解説：同じ地図を持たないと議論にならない

　一見、話が通じ合っているようですが、よく見ると全然かみ合っていません。一番の原因は、考え方の枠組みが三者三様となっていて、同じ構図で議論していないからです。1人ずつ解説していきましょう。

1）Aさん

　冒頭の発言を見ると、人／仕組み／風土の3要素で業務を捉えています。なかでも、人に着目をしており、知識、技能、態度に分けた上で、それぞれに解決策を見出そうとしています。上位概念を下位概念に分解していく、典型的なツリー型（トップダウン法）の考え方です。

　　構図：ツリー型　　切り口：組織

2）Bさん

　Aさんとは違って、仕事の流れ方に着目をしています。業務の流れが滞っているところや、逆流をしているところをなくして、スムーズに流れるようにすれば効率化できるという発想です。フロー型の考え方が強く発言に現れています。

　　構図：フロー型　　切り口：セクション

3）Cさん

　効率という言葉をインプットとアウトプットの関係で捉えています。投下工数に対してどれだけ成果が上がっているかという、いわゆる費用対効果の観点です。さらにそれを、緊急度と重要度の構図で考えようとしています。マトリクス型で考えるのが癖になっているようです。

　　構図：マトリクス型　　切り口：効率性

　どの枠組みも間違いではなく、いずれも効率化を考える上でのオーソドクスなやり方です。大切なのは、その中のどれかに枠組みをそろえて、同じ構図で議論することです。絞りきれないなら、3つをどの順番で検討するかを決めて、1つずつ片づけることです。

　何回かに分けてゆっくり議論ができるなら、どの視点に着目するかの話し合いから始めるべきです。いったんは、ツリーで業務の効率化の要素を洗い出す

必要があります。Aさんのように、ロジックツリーや特性要因図を使って、どんどん分解をしていきましょう。あるいは、思いつく問題を挙げて、親和図で整理していきます。

着眼点が決まったら問題の分析です。たとえば、Bさんのようなプロセスマッピングは有効な手段となります。システムシンキングのような連関図を使う方法も考えられます。着眼点によってここは一概にいえません。

そうやって、原因や手を打つポイントが絞り込まれたら、ブレーンストーミングでアイデアを出した上で、Cさんのようなペイオフマトリクス（または意思決定マトリクス）で絞り込むとよいでしょう。時間がないときはいきなりここから入る手もあります。

いずれの場合も、最後は対策の効果を吟味して、目標に届くことを確認する。その上で、5W1Hに展開をして、アクションプランとしてまとめるとよいでしょう。

図5-16｜三者の枠組みの違い

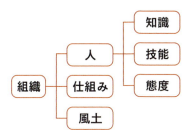

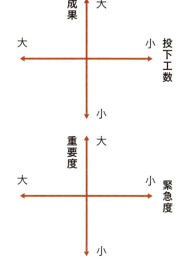

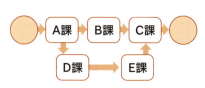

構造化力を高めるトレーニング

フレームワークが使える状況を想像する

あるフレームワークを取り上げ、使い方と事例をインプットしたら、「"他にどんな状況で"このフレームワークが使えるだろうか」を考えます。

練習するためのフレームワークはいたるところにあります。本書の巻末資料はもちろん、ブックガイドで紹介した教本や一般のビジネス書・雑誌のそこかしこに、練習の題材となるフレームワークが載っています。

考えるだけでなく、実際に使ってみるとさらによいでしょう（ただし、強制はしません。気軽にこのトレーニングに取り組めなくなるからです）。

状況に対してさまざまなフレームワークを適用する

上とは逆の練習です。何か状況を想定し（例：皆の旅行先を決める）、「この状況でどんなフレームワークが使えるだろうか」を考えます。ある状況で使えるフレームワークが1種類とは限らないことが実感でき、繰り出せるフレームワークの幅も広がります。

万能フレームワークをひたすら使う

たいていの状況で使える、万能フレームワークにしばらくこだわり、さまざまな機会に利用してみます。構造化する癖がつき、あるフレームワークが役立つ場合とそうでない場合を分別する力が身につきます。お勧めは、

- ・市場／競合／自社（3C）、あるいは、環境／ライバル／自分
- ・強み／弱み／機会／脅威（SWOT）
- ・要素／機能／属性：ある対象を「何から構成されている？」「どんな機能を果たす？」「どんな性質を持っている？」で構造化する
- ・ルール／ロール／ツール：ある活動を「手順や決まり事」「役割分担」「使う道具」で構造化する
- ・便宜／代替不能性／実行可能性：ある策の「もたらすメリット」「他の策にはない特色」「コストやリスクの対応可能性」を考える

あたりです。ただ、あまり無茶なこだわりはせず、どうもこのフレームワークでは無理筋だと分かったら、いさぎよく引っ込めるようにしてください。

マトリクスの２つの軸を自分で編み出す

ツリー型の構図は、第３章のトレーニングで練習してください。ここでは、マトリクス型の構図を使うために必須のトレーニングを紹介します。

複数の選択肢あるいはサンプルを含むような、あるキーワードをお題として取り上げます。プロ野球球団でも、ジャズピアニストでも、ウチの業界の商品でも何でもかまいません。

次に、そのお題に含まれるサンプルが、うまく散らばるような２つの軸を考えます。図5-17でいえば、「A⇔B」が１つの軸、「C⇔D」がもう１つの軸です。

サンプルが田の字の中にうまく散らばれば、２つの軸が独立に設定できている証拠です。

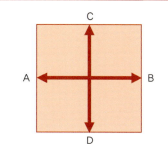

図 5-17 ｜ マトリクス型の構図

プロセスマッピングを使う

最後は、フロー型の構図に慣れるトレーニングです。

1. 付箋を用意しておきます。
2. 一連の手順／段階からなるお題を定めます。製造工程、受注手順などはもちろん、「お客さんが、ウチの店のことを知って、買い物をしてくれるまで」のようなお題も使えます。
3. 手順／段階の始点と終点を決め、それを付箋に書き、ホワイトボードの上に貼り出します。
4. 始点から終点までの、一連のプロセスを付箋に書き出し、ホワイトボードの上に順番に並べて、それを矢印でつなぎます。

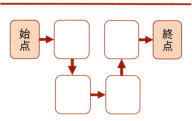

図 5-18 ｜ プロセスマッピング

構造化 | 4

現場で使える実践的な構造化テクニック

■ フレームワークの使い手になるには

まずは自分で使ってみること

　ビジネスフレームワークは星の数ほどあり、いきなり全部覚えるのは無理です。それに本を読んで記憶するだけでは意味がなく、現場で使えて始めてマスターしたといえます。

　まずは、自分が気に入ったものを選んで使ってみましょう。といっても、いきなり会議で使うのは無理があります。1人でフレームワークを使って考えてみてください。要領をつかんでから会議で試してみるのです。

　実際に会議で使うと、「その切り口はなんかしっくりこないなあ……」「え、その軸って、そういう意味だったの？」「他にもっといいフレームはないの？」といった予期せぬことがたくさん起こります。

　冷や汗をかきながらそれに対処していくうちに、説明の仕方や持っていき方など、フレームワークを使いこなすノウハウが蓄積されていきます。そこまでやってはじめて、使えるというレベルになるのです。

場数を踏もう

　おそらく、皆さんが一番悩むのが、どんなときにどんなフレームワークを使うのか、だと思います。本章の最後のコラムでコツを少し述べていますが、実際にはやってみないと分かりません。

200

机上で迷っていても仕方ないので、まずは使ってみましょう。ダメだったら別のものに換えればよいのです。それくらいの気持ちでぶつかってみることをお勧めします。

　場数を踏み、試行錯誤を繰り返すのが、上達の一番の近道です。トライ＆エラーの数が自分を鍛えてくれると思ってください。

> **F**　試しにこのフレームワークでやってみますが、もし居心地が悪かったら、途中でもやり直しますので、言ってくださいね。
>
> **F**　すみません、ちょっとしっくりこないようですね。じゃあ、これはどうですか？　今度はこれでやってみませんか？

ポケットにたくさん道具を入れておく

　そうやって、最初は数を増やすのではなく、自分が本当に使える必殺技、いわば"十八番"をつくってください。こういう場面で、これを使えば、ここまでは持っていけると。

　それを、1つひとつ増やしながら、できるだけ技のバリエーションを持っておいてほしいのです。そうしないと、「これしか知らないので、これでやらせてください」となって、最適な枠組みで考えられなくなります。お仕着せのフレームワークで議論をすることになり、メンバーの力も引き出せません。これでは本末転倒になってしまいます。

　次から次へと繰り出せるからこそ、テーマやメンバーに合ったものが発見できます。いろいろな枠組みで考えることで柔軟な発想もできます。行き詰まったときも、臨機応変に切り替えができます。ポケットにあるフレームワークの数が、そのままフレームワークを使いこなす力になります。

　そして最後には、既存のフレームワークから離れます。議論の様子を見ていて、その場にあるものを材料にして、オリジナルのフレームワークをその場で考えるのです。それをもとに新たな自分だけの必殺技を開発してください。

> **F**　皆さんの議論を見ていて、こんなフレームワークを考えたのですが、一度これで議論してみませんか？

201

正しく使わないと痛い目に遭う

本当は怖いフレームワーク

　最近、フレームワークを、明らかに間違って使っている人を見かけるようになりました。

　前に述べたように、ビジネスフレームワークの多くは、経営学者や経営コンサルタントが経営の分析や戦略の立案のために開発したものです。言い換えれば、つくられた目的や生まれてきた背景があるのです。

　たとえば、プロダクト・ポートフォリオ・マネジメント(PPM)という定番のフレームワークがあります。自社の事業を市場成長率と相対シェアの2軸のマトリクスで整理し、「金のなる木」「花形」「問題児」「負け犬」に分類するものです。どの事業にどのような投資を決めるのかを考える有効なツールです。

　しかしながら、このフレームワークは、多数の事業を運営している米国の巨大なコングロマリット企業の事業再編を考えるために生み出されたものです。どの事業が有望で、そこにどれだけのカネを回し、そのカネをどこから捻出するのか、事業の数が多すぎて分からないからです。

　そのフレームワークを、2〜3の事業しか運営していない企業に当てはめたり、1つの事業をムリにいくつかの製品セグメントに分けてPPM分析をしてもあまり意味がありません。それどころか、事業の分け方によっては、まったく誤った意思決定をしてしまう恐れもあるのです。

　いわば、ビジネスフレームワークは「諸刃の剣」です。正しい使い方をすれば素晴らしい切れ味を見せますが、間違って使うととんでもないと

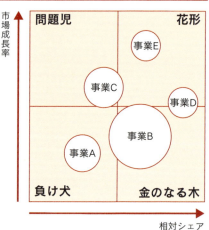

図5-19 ｜ PPM

ころに議論を引っ張っていってしまいます。最初は見よう見まねで使うのは仕方ありませんが、さらに高みを目指す方は、自分が使っているフレームワークがどんな目的や背景のもとで生まれたのか、原典を調べてみることを強くお勧めします。

フレームワークが答えを出すわけではない

もう1つ、ビジネスフレームワークを覚えたての人がよくする失敗は、フレームワークを使えば答えが出ると勘違いすることです。

フレームワークは思考の枠組みを提供するためのものです。いわば頭を整理したり、テーマを分析したりするためのものです。それを使ってどういう答えを導き出すかは、使う人にかかっています。

典型的なのが意思決定マトリクスです。あたかも、最適な選択肢が計算できる機械のように勘違いをするのか、点数計算に血道をあげる人をよく見かけます（理科系の人に多く見受けられます）。その結果、「こちらの選択のポイントが5点多いので、今回はこれを採用します」とやってしまうのです。

大切なのは、どの選択肢が何点かの議論ではなく、そもそもどんな評価軸を立てて、そこにどんな重みを置くかの議論です。いわば、価値観のすり合わせが議論の本質のはずです。

それに、計算をした結果、1点や2点の差は大した意味がありません。ちょっと重みをいじれば大きく点数は変わりますし、評価軸に表現されてないメンバーの感情面や規範面の話もあります。ひょっとすると、総合点が多少低くても、みんなが自信を持ってやり切れる選択肢を選んだほうがよいのかもしれません。

実際に、計算結果が直観と合わないからといって点数調整をする人を見かけますが、これもまったくの本末転倒。そんなことをするくらいなら、最初から直観で選んだほうが手間が省けます。

繰り返しになりますが、フレームワークはあくまでも考えやすくするためのものであって、それを使ってどう考えるかは、議論するメンバーに委ねられています。そこを履き違えないよう、くれぐれも注意をしてください。

203

▦ フレームワークを使う作法がある

ツールを持ち出すタイミングに気を配る

　ビジネスフレームワークを使う際に、気をつけてほしいことがもう1つあります。使うタイミングです。頃合を見計らうのがフレームワークをうまく使うコツです。

　本章の冒頭で、フレームワークの功罪について述べました。フレームワークがあったほうが、意見が出しやすくなる反面、発想を一定の枠組みの中に収めてしまい、新しい発想ができなくなると。特に、メンバーがテーマに対してなじみが薄い場合は、この傾向が強くなります。

　フレームワークなしではまったく意見が出ない場合は仕方ありませんが、そうでない場合は、最初から持ち出すのではなく、出すタイミングを見計らうことが重要です。

　議論には発散と収束の2段階があります。たとえば、最初はフレームワークなしで自由に議論をして発散を続けます。いずれ、これ以上意見が出なくなり、議論がぐるぐる回るようになる混沌の状態になってきます。ここがフレームワークを持ち出すタイミングです。出た意見の範囲や議論の様子を見ていて、最適なフレームワークを提案するのです。

F　では、そろそろまとめに入っていきたいと思います。今までの意見をどんなフレームで整理すればよろしいでしょうか？　なければ、私のほうから1つ提案があるのですが……。

F　先ほどから議論がぐるぐる回っているようです。一度、こんなフレームで議論を整理してみてはいかがでしょうか？

　こうすればメンバーの自由な発想を活かしつつ、混沌を収束に向けて方向づけできます。出尽くしたと思っている意見のヌケモレのチェックにもなります。

　早すぎると思考に制限をかけてしまい、遅すぎるとムダな時間が流れてしまう。フレームワークを持ち出すタイミングを見極める力が求められるのです。

フレームワークの設定にメンバーを巻き込む

フレームワークを覚えたての人が陥りやすい落とし穴があります。切れ味を試してみたいからなのか、それしか知らないからなのか、自分が得意なフレームワークをメンバーに押しつけがちになるのです。

ところが、メンバーはそれに対して「やりにくい」「違うんじゃないか」とは言いにくいものです。結局、フレームワークを使ったためにかえって議論が盛り上がらず、ファシリテーターの自己満足で終わるというパターンになってしまいます。

まずは、自分が使いたいフレームワークが、テーマやメンバーに合わない可能性があることに気づいてください。それに対してみんながノーと言いにくいことも。

フレームワークを使うときは、メンバーの意見を聞くのが原則です。フレームワークは1人で考えて提案するものではなく、本来はみんなで話し合って決めるものです。他にもっとよいフレームワークを思いついている人がいるかもしれません。みんなの知恵を集めて、最適なフレームワークを選ぶように心がけましょう。

> **F** ここから先、どのように議論を進めていけばよいのか、皆さんの中で適当なフレームワークを思いついた人はいませんか？

メンバーが他のフレームワークを思いつかないときは、ファシリテーターがたたき台を出すしかありません。そのときでも、選択肢を用意して選んでもらったり、それで本当によいか了解を取るほうがよいでしょう。

> **F** AとBではどちらのフレームワークのほうがやりやすいですか？
> **F** このフレームワークで進めさせてもらってよろしいですか？

こうしておけば、フレームワークへの納得感が高まり、ひいては結論への納得感が高まります。フレームワークの取り出し方で、議論の腹落ち感が大きく変わることを覚えておいてください。

実践のヒント⑤

Q　ビジネスフレームワークを勉強中なのですが、どんなときにどれを使えばよいかがよく分かりません。

A　今扱っているテーマが「何の問題か？」によって使うフレームワークが違ってきます。たとえば、業績が伸び悩んでいる会社があるとしましょう。そもそも会社の方針に問題があるなら、戦略系のフレームワークを使うのが常套手段です。商品やサービスの問題があるならマーケティング系のフレームワークが役に立ちます。あるいは、仕事のやり方に問題があるならマネジメント系のフレームワークが力を発揮します。従業員のやる気やスキルの問題なら組織開発系のフレームワークを活用するとよいでしょう。

こんなふうに、今起こっていることを何の問題と捉えるかによって、進め方が大きく違ってきます。ところが、残念ながら「何の問題か？」を特定するためのフレームワークはありません。そもそもロジカル・シンキングは、論点（イシュー）が決まった後でどう考えれば適切かを教えてくれますが、イシューそのものは導いてくれず、自分で設定するしかないのです。問題解決についても同じで、問題は自分で特定するしかありません。体の調子が悪いときに、耳鼻科にかかるのか、整形外科にかかるのか、判断するのと同じです（なかには総合診療科がある病院もありますが）。

とはいえ、行き当たりばったりでは手間がかかりすぎるので、「仮説思考」を使うのがよくやるやり方です。まず、集めた事実を問題解決のフレームワークを使って分析をした後、問題となりそうなものを見つけ出します。その上で、それが本当に問題なのか、さまざまな事実を集めて検証していきます。

このやり方なら、大きく的をはずすことはないはずで、そこそこ効率的です。そうしながら、真の問題を見つけ出す洞察力とセンスを磨いていってください。

終章

議論を促進する
Facilitation

終章 | 1

どこまで通用するか、やってみよう

どう介入すればロジカルになるのか

　ここまで、ロジカル・ディスカッションにおけるファシリテーターの5つの役割と12の基本動作について述べてきました。本書の総ざらいとして、実際の会議の場面での応用を考えてみましょう。

　ある会社の定例ミーティングで「残業時間の削減」について話し合っています。皆さんだったら、どの発言に対して、どのように介入をしていきますか。本書で学んだことをもとにして、考えてみてください。

F　では今日の3つめのテーマにいきます。皆さんご存知のように人事部門から「残業時間をゼロにしろ」と言われているのですが、どうしましょうか?

A　そんなの、毎日忙しいのに、できるわけがないじゃないですか。人事は何を言っているんだ。

F　ですよね……。Bさんはどう思いますか?

B　100%無理。先月も2人も会社を辞めてしまって、こっちは大変なんですから。

F　大変ですか……。それは私も同じですから、お気持ちは分かります。でも、他の部署ではいろいろ取り組みを始めているらしいです。ウチも何かやらないとマズいんですけど……。

A　以前もそう言われてやってみたけど、結局うまくいかなかったですよね。

どうせそんなのできっこないんですよ。
F　と言われても。行動計画をつくれと言われていますし……。何かありませんかね？
A　じゃあ、ノー残業デーはどうでしょうか。管理職が率先垂範をして管理指導を徹底すると。営業部ではそれなりに効果があったって、聞いていますよ。
B　率先垂範というなら、人事部にこの施策の適応を除外するお願いを部長からしてもらったほうが早いかもしれないですね。
F　え、私が部長にそれをお願いするのですか？
B　そりゃそうですよ。ウチ単独で難しければ、他の部署と一緒に言いにいくとか……。聞くところによると、開発部は最初から適応除外になっているらしく、月に20時間までOKだそうです。
A　え、それは知りませんでした。あっちがいけたらウチもいけるかも。しかも、ノー残業デーとセットで持っていけばバッチリ！
F　本当にそんなので大丈夫なんでしょうか……。
A　大丈夫だって！　じゃあ、他によいアイデアがあるのですか？
F　いえ、そんなわけでは……。
A　じゃあ、それで決まり。後は、何時間まで残業が許されるかを、人事部と部長とで話し合ってもらいましょう。部長の頑張り次第ですね。

図6-1｜ロジカルでない議論

この議論のどこに問題があるのか

　一応の結論はまとまりましたが、果たして課長はこの案に賛成してくれるでしょうか。この議論のどこがまずかったのか、本書の流れに沿って、問題点を挙げてみましょう。

＜第1章＞要約
○論点が不明確で、互いの論点が合っていない……P32

　ロジカル・ディスカッションをリードするはずのファシリテーターが「どうしましょうか？」「何かありませんか？」とあいまいな論点で意見を訊いています。そのせいで、行動計画をつくるはずの話が、議論の前提をひっくり返す話になってしまいました。

○意味不明のあいまいな言葉が多く、誤解を招いている……P44

　「大変」「率先垂範」「管理指導」「徹底」といった、意味が分かったようで分からない言葉が多く登場します。そのせいで誤解も生まれてしまったようです。

＜第2章＞検証
○考えることを放棄して思考が停止している……P73

　最初から「できるわけがない」「どうせウチは……」と考えることを諦めています。最初から無理だと決めてかかっているのです。これでは建設的なアイデアが出るわけがありません。

○主張に根拠がまったくなく、信用できない……P80

　他がうまくいったらウチでは成功するのでしょうか。前にダメだったら、今回もダメなのでしょうか。大丈夫だと言い切れるのはなぜでしょうか。いずれの場合も根拠がまったく見当たらず、主張に信憑性がありません。

○思い込みが強くてバランスのとれた考えになっていない……P92

　残業を減らすには、業務の総量を減らしたり、効率的な仕事ができるやり方を考えたり、いろいろなアプローチがあるはずです。それらがまったく検討されず、思いつきだけで答えを出してしまいました。

＜第3章＞整理

〇発散と収束のサイクルが回っていない……P120

アイデアを1つ出してはつぶし、また1つ出してはつぶしてと、効率がよくありません。単に思いつきを述べているだけです。たくさん出してから、その中でもっともよいものを選ばないと、質が上がっていきません。

〇アイデアが整理できておらず、数も少ない……P128

それでも、いくつかアイデアが出ているのですが、整理ができていません。アイデアの全体像がつかめず、どんな種類のアイデアが検討されていて、どんなものが未検討なのか分かりません。結果として、第3章で述べた「飛びつき病」に陥っています。

＜第4章＞統合

〇優先順位とその基準が見えない……P150

最終的にこのアイデアに決まった理由が不明確です。どういう基準で選んだのでしょうか。話の流れでそうなっただけで、合理的な選択とは程遠いものがあります。

〇力で議論を押し切ってしまった……P154

最後は「だったら他によいアイデアがあるのですか？」と脅迫して、力任せに自分の意見を通してしまいました。これでは合意形成をしたとは、とてもいえません。

＜第5章＞構造化

〇議論の枠組みが視覚化できていない……P180、184

全体を通じて、どんな枠組みで話し合っているのかが、まったく見えません。これでは単なる"会話"であって"議論"になっていません。しかも、典型的な空中戦になっており、ホワイトボードも使っているように感じられません。これでは議論がかみ合わず、レベルの低い結論になった大きな原因になっています。

211

■ ファシリテーションの実際

　では、実際にファシリテーターがどのような働きかけをすればよいのか、先ほどと同じテーマでのやりとりを見ていくことにしましょう。

　ただし、これが正解ではなく、他にも突っ込むべきポイントがあるかもしれません。相手との関係性によっても、介入の仕方も変わってきます。あくまでも参考としてお読みください。まずは、第1章と第2章で述べた、個人に対する働きかけから。

F　今日は人事部門の要請に従って、「残業時間ゼロを実現するにはどうすればよいか？」について議論していきたいと思います。　基本動作①

A　そんなの、できるわけがありません。人事は何を言っているんだ。

F　と、おっしゃいますと？　基本動作②

A　仕事が減っていないのに、人ばっかり減っているんですから。

F　仕事を減らせということ？　それとも人を増やせ？　基本動作③

A　そりゃあ、仕事を減らすしかないですよ。

B　そうだよ、仕事が多すぎるから残業しているんですから。

F　仕事が多いとは、具体的にどんなことでしょうか？　基本動作③

B　他の部門との調整の会議や、上への報告資料をまとめたりで、内向きの仕事が最近どんどん増えているんですよ。

F　なぜ、そうなったのですか？　その原因はどこに？　基本動作④

A　会社のマネジメントが悪いんじゃないですか？

F　本当にそうですか？　我々の仕事のやり方がついていってないだけではありませんか？　基本動作⑤

B　まあ、それもありますけど。会議なんかダラダラやるだけで、まったくの時間のムダだよ。やり方を工夫すればもっと短くできるはずですよ。

F　他に仕事が増えた原因は考えられませんか？　基本動作⑥

A　やれ、環境問題だのコンプライアンスだの全社活動が多すぎるんですよ。

後半戦は、第３章〜第５章で述べた集団に対する働きかけです。同じく、会話例を見ていくことにしましょう。

F　となると、皆さんの意見は大きく２つですね。１つは間接的な業務をできるだけ減らすこと。もう１つは、仕事の効率を上げるために何か新しいやり方を考えること。他にありませんか？　基本動作⑧

A　残業が多い人をみんなで助ける、というのもありますね。

F　それも効率化の１つですね。じゃあ、どれが優先順位が高いですか？まずは、高いほうから議論をしていきましょう。　基本動作⑨

A　ですから、さっきから言っているように、まずは仕事量を減らすのが先決です。

F　分かりました、ではそちらから考えることにしましょう。ただ、これって、我々だけではできないものもありますよね。できることとできないこと、つまり他の部署に依頼することに分けて考えていきませんか？　基本動作⑦

B　それはいいですね。ちゃんと他の部署にも働きかけをしないと。

F　まずは、我々でできることを挙げてください。私がホワイトボードに書いていきますから。　基本動作①、⑪

（中略）

F　結構出てきましたね。では、これを効果のあるなしと、簡単にできるかどうかで仕分けしてみましょう。　基本動作⑧、⑫

（中略）

F　ざっとこんな感じで、比較的やりやすくて効果が高そうなのは、この３つですね。後で効果を検証してみましょう。　基本動作⑩

A　それはいいんですが、多分、これだけでは目標に届かないと思いますよ。

F　じゃあ、次は他の部署に働きかけたり、一体となって取り組むことで、仕事量を減らせないかを考えていきましょうか？　基本動作①

（続く）

213

終章 | **2**

ロジックだけでは
現場は動かない

　これで、一通りのことはお話ししました。あとはそれぞれが自分の持ち場で実践していくしかありません。その際に注意しないといけないことを述べて、本書を締めくくりたいと思います。

現実の社会は限定合理性の世界

　現場で実践する際に忘れてはいけないのは、**ロジカル・ディスカッションは手段であって目的ではない**という話です。

　我々の目的は、抱えている問題を解決し、よりよい未来に向けて行動することです。その手段として論理をベースにして話し合うのです。

　たとえば、厳密に論理的な正しさを追求しようと思うと、あらゆるデータや可能性を検証しないといけません。万に1つでも反証が見つかれば、築いてきた仮説は否定されます。合理性を高めようと、なぜを繰り返して本質を探求していくと、いつの間にか自然や人間の根源的な命題に突き当たってしまいます。

　ただ、これは科学や哲学の世界の話。我々が議論しているのは実社会の現象です。すべての情報が得られるわけでもなければ、完璧な証明をする時間もありません。それどころか、合理的に考えれば、世の中はつじつまの合わないことだらけです。

　つまり、合理性を追求することは大切ですが、限られた情報の中で物事を判断しなくてはなりません。合理性に限界がある**限定合理性**の世界です。

　縦の論理でいえば、大きな落とし穴にはまらない限り、おおよそ主張と根拠、

原因と結果、目的と手段の筋道が合っていればOKです。横の論理でも、大きなヌケモレがなくて、およそ全体像がカバーできれば十分使えます。

もっといえば、完全に筋道が通っていなくても、早く行動したほうがよいケースだってあります。論理を突き詰めるあまり、本来の目的を見失わないよう、十分に気をつけなければなりません。

論理をあやふやにして勘や感情に逃げるのはよくありません。かといって、論理を突き詰めることが目的化するのもよくなく、勘や感情が生きる場面もあります。「**論理に溺れず、直感に逃げず**」です。

▰参加が納得を生み、納得が決意を生む

さらにいえば、問題解決という目的を考えれば、合理性だけでは不十分です。論理的に正しい答えを導き出したものの、誰もやる気にならないということが起こるからです。絵に描いた餅をつくったのでは、議論をした意味がありません。

人を問題解決への行動に駆り立てるのは**納得感**（腹落ち感）です。頭で分かることも重要ですが、腹（腑）に落ちないとやる気になりません。

合理性は納得感の必要条件にすぎません。合理性のない、すなわち筋道の通らない答えは納得できません。かといって、合理性だけあれば納得感があるのかといえば、そうではありません。人は参加しないものには、納得しないからです。

そもそも議論の進め方を決めるのに参加したか、議論の過程で十分に発言したか、最終的な判断に関与できたか、などが重要です。ファシリテーターとしては、ロジカルな議論を促進させると同時に、メンバーの参加度合いを常にチェックしておきましょう。

発言の量や内容はもちろん、身の乗り出し方や腕を組むポーズなど、いわゆる非言語メッセージに注意を払い、「心の声」をつかみ出すようにしてください（詳しく知りたい方は、姉妹編『チーム・ビルディング』のP264「チーム・ビルディングは観察力で決まる」をご覧ください）。

215

論理戦と心理戦を制する

それと同時に大切なのは、メンバーへの共感です。

論理と論理が通じ合うことを我々は理解と呼びます。**共感**とは、読んで字のごとく、同じ感情（気持ち）を持ち合うことです。多くの人は、理屈だけでは動かず、感情が通じ合ってはじめて行動しようとします。

たとえば、論理的に誤った考え方をする人を、頭ごなしに否定しても頑なになるだけです。「馬鹿にされた」「恥をかかされた」と自尊感情（プライド）を傷つけられれば、意固地になる一方です。

論理的な考え方ができないことは、その人自体を否定するものではありません。論理は受け入れられなくても、そう考えたくなる気持ちは受け入れることができるはずです。どれだけ相手の気持ちに寄り添えるかによって、要約や検証といった個人への働きかけが功を奏するかどうかが決まります。

メンバー同士も同じで、理屈では分かっていても、「あの人が言うから」「あの言い方が気に食わない」でまとまらないことがよくあります。ファシリテーターとしては**論理戦**を制するだけでは不十分で、**心理戦**を舵取りする技も身につけておかなければなりません。そうしないと、せっかくのロジカル・ディスカッションが単なるゲーム（ディベート）になってしまいます。

ロジックが通じる人ばかりではない

では、論理と感情をもって対すれば、どんな話し合いでもなんとかなるものでしょうか。残念ながらそうではありません。周りが理由を説明しても、気持ちに寄り添っても、テコでも動かない人がいるからです。

まったく他人の言うことに耳を傾けず「いやだ！」の一点張りの人や、二言目には「俺が課長なんだぞ。俺の言うことが聞けんのか」とパワーをふりかざす人。こんな人には論理も感情も通用しないと思っておいたほうがよいでしょう。こういう人たちと話し合いの場を持つことに意味はない、といっても言いすぎではありません。

216

この種の人たちと対峙するには、話し合いという民主的なやり方は通用しません。パワー（力）をもって対処するしかありません。

・課長の頭の上がらない人に訴え、そこから言ってもらう
・集団で交渉する（数のパワーで対抗する）
・集団で反発する（ストライキやボイコット）

もちろん、安易に「あの人は話の通じない人だ」と決めつけるのは禁物。まずはロジックで粘り強く渡り合ってみることが必要です。

とはいえ、ひたすらロジックでなんとかしようと思っても無理な場合があることは知っておいてください。「自分のファシリテーション力が足りないからだ」と、どうか自分を責めないように。

■ チームの力を最大限に発揮させよう

さらに付け加えれば、ロジックはまったく通じなくても、素晴らしい才能を発揮する人も世の中にはたくさんいることも覚えておいてください。

論理的思考（クリティカル・シンキング）は苦手でも、創造的思考（クリエィティブ・シンキング）が得意な、いわゆる"天然"タイプの人です。直感力が優れていたり、論理からは導けない突拍子もない発想をしたり、常識では思いつかない大胆な提案をしてくれます。

論理的な人ばかりで議論していると、重箱の隅をつつくような、「石橋を叩いて渡る」どころか、「叩いて壊す」議論になることがあります。そういうときは、創造的な思考をする人がチームにいないと、思考の壁がなかなか突破できません。論理だけで、よい問題解決ができるとは限らないのです。

ファシリテーターの本来の役割は、メンバーの個性や能力を最大限発揮させ、互いの相互作用を高め、チームとしてよい問題解決ができるよう促進することです。そのためには、論理を議論の共通のベースに置きながらも、心理、感情、直感、関係性などにも十分配慮して議論を進めることが大切です。

ファシリテーターは多様な人と関わっていきます。そのために要求されるのは「総合力」です。ロジカル・シンキングは、その重要な1つの力であって、すべてではないことを忘れないでください。

思考を加速する最強ツールボックス

フレームワーク集
126

戦略系	Strategy	15tools
マーケティング系	Marketing	15tools
問題解決系	Problem solving	15tools
アイデア創造系	Idea	7tools
意思決定系	Decision-making	7tools
マネジメント系	Management	15tools
業務改善系	Business Improvement	7tools
組織開発系	Organizational Development	23tools
コミュニケーション系	Communication	7tools
定量分析系	Quantitative Analysis	15tools

戦略系
Strategy

▼

戦略系
7S

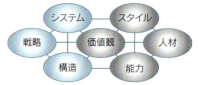

企業経営に必要な7つの要素を表したもの。大きくハード3S(戦略、制度・システム、組織構造)とソフト4S(価値観、能力・スキル、社風・経営スタイル、人材)に分かれる。

戦略系
3C

企業経営に関わる顧客(Customer)、競合(Competitor)、自社(Company)の3つの視点から成功要因(KFS)を分析して、経営戦略を構築していく。

戦略系
VRIO(ブリオ)

経済価値(Value)、希少性(Rarity)、模倣困難性(Inimitability)、組織(Organization)の4つの視点で、企業が持つ経営資源とその活用能力を分析する。

戦略系
SWOT(スウォット)

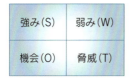

自社の資源である強み(Strengths)と弱み(Weaknesses)、外部環境の変化としての機会(Opportunities)と脅威(Threats)を明らかにし、それらを組み合わせて経営戦略を考える。

戦略系
5F(ファイブ・フォース)

5つの競争要因を分析して、業界の競合状況や市場の魅力度を把握し、自社の戦略の立案に役立てる。

戦略系
PEST(ペスト)

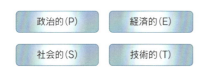

政治的(Politics)、経済的(Economics)、社会的(Society)、技術的(Technology)の4つの視点で、企業を取り巻く外部環境を分析する。

戦略系
プロダクト・ポートフォリオ・マネジメント(PPM)

多数の事業を市場成長率と相対シェアで評価して、4つのタイプに分類する。各事業のキャッシュの状況を分析して、事業の集中と選択や、キャッシュの回収・投資を考える。

戦略系
ビジネススクリーン

自社が抱える事業を業界の長期的な魅力度と競争ポジション（強さ）で評価する。どちらも高い事業は増強し、どちらかが低い事業は現状維持、どちらも低い事業は収益の回復策を考える。

戦略系
バリュー・ポートフォリオ

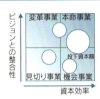

どの事業に資本を投下すべきか、事業の再構築を考えるときに使うフレームワーク。資本効率は株主の視点、ビジョンとの整合性は経営者の視点を表している。

戦略系
アドバンテージ・マトリクス

競争要因が多いか少ないか、優位性を構築する可能性が大きいか小さいかの2つの軸で、業界を4つのタイプに分類する。タイプによって採るべき戦略が変わってくる。

戦略系
技術ポートフォリオ

タテ軸に事業への貢献度、ヨコ軸に競争の優位性をとったポートフォリオをつくって、技術テーマのポジショニングを行う。将来どのように推移するかを分析するのにも役立てる。

戦略系
アンゾフの成長マトリクス

市場の新旧と製品の新旧の組み合わせで経営戦略を考えるフレームワーク。市場浸透戦略、新製品開発戦略、新市場開拓戦略、多角化戦略の4つが選択肢として考えられる。

戦略系
バリューチェーン

上流行程から下流行程まで、事業プロセスを価値の連鎖と考え、どこでどんな価値を生んでいるのか、どこを強化すればよいのかを分析する。

戦略系
バランスト・スコアカード(BSC)

企業の業績を財務の視点だけで見るのではなく、顧客、業務プロセス、学習と成長の視点を加えることで、バランスのよい評価を行う。

戦略系
シナリオプランニング

シナリオプランニングで複数のシナリオを立案する際に、さまざまな変化要因をインパクトと不確実性の2軸で分析し、重要な要因（シナリオドライバー）を絞り込む。

マーケティング系
Marketing

マーケティング系
TCP

事業を考えるときに、どんなターゲットを狙うのか（Target）、どんなコンセプトの商品を提供するのか（Concept）、どんなポジションに位置づけるのか（Positioning）の3つの視点で検討する。

マーケティング系
STP

| 市場・顧客情報の収集・分析 |
| 市場構造の把握 |
| 標的の絞り込み |
| 自社の位置取り |
| マーケティングミックス（4P） |

顧客の特性に基づいて市場を細分化（Segmentation）して、戦いを挑む標的（Targeting）を定め、独自の位置取り（Positioning）を考える。

マーケティング系
4P

| 製品 | 価格 |
| 流通 | 販促 |

マーケティングミックスと呼ばれる、製品（Product）、価格（Price）、流通（Place）、販促（Promotion）の4つの要素を組み合わせてマーケティング戦略を考える。

マーケティング系
ポジショニングマップ

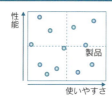

2つの軸で市場や顧客を分類をして、自社がどこのポジションを狙うのが最適か検討する。自社のポジションが明確になるように2つの軸を設定する。

マーケティング系
4C

| 顧客価値 | 顧客コスト |
| 顧客の利便性 | 顧客との会話 |

マーケティングミックスを顧客の視点から見たもの。Customer value、Customer cost、Convenience、Communicationの4つのC。

マーケティング系
コンセプト・メイキング

ターゲットとする顧客と、彼らに与える便益（ベネフィット）をもとにして、商品やサービスのコンセプトを組み立てていく。

マーケティング系
プロダクトアウト／マーケットイン

シーズに基づいて商品を開発して市場に届けるプロダクトアウトと、ニーズを調べて商品化して市場に提供するマーケットインがある。

222

マーケティング系
プロダクト・ライフサイクル

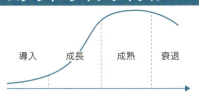

市場に商品が投入されてから姿を消すまでに、導入期、成長期、成熟期、衰退期という4つの段階をたどる。それに応じたマーケティング戦略を考える必要がある。

マーケティング系
採用者分布曲線

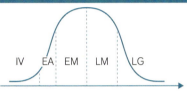

新商品が出ると、革新者(イノベーター)、初期採用者(アーリーアダプター)、初期多数派(アーリーマジョリティ)、後期多数派(レイトマジョリティ)、追従者(ラガード)の順番で採用が進む。

マーケティング系
顧客ポートフォリオ

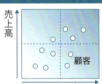

タテ軸に売上高や購入高、ヨコ軸に収益率をとったポートフォリオをつくって、顧客のポジショニングを行う。売上高と収益率がともに高い顧客が優良顧客となる。

マーケティング系
RFM

自社に対する顧客のロイヤリティーを判断するのに、最新購買日(Recency)、購買頻度(Frequency)、購買金額(Monetary)で評価して優良顧客を見つけ出す。

マーケティング系
CS／CE

顧客の満足度(CS)と顧客の期待度(CE)を2軸で分析して、顧客の価値を高めることを考える。たとえば、期待が高いのに満足度の低い商品やサービスは急いで改善する必要がある。

マーケティング系
ブランドエクイティ

ブランドが持っている資産価値をブランドロイヤリティ、ブランド認知、ブランド連想、知覚品質、その他のブランド資産(知的所有権など)で総合的に評価する。

マーケティング系
AIDMA(アイドマ)

消費者が購買に至るまでの心理プロセスを、注目(Attention)、興味(Interest)、欲求(Desire)、記憶(Memory)、行動(Action)の5段階に分け、どこでどう訴求するかを検討する。

マーケティング系
購買の4要因

消費者が商品やサービスを購入するには、心理的(感覚、経験)、個人的(年齢、性別)、社会的(地位、役割)、文化的(民族、世代)の要因が作用する。

223

問題解決系
Problem Solving

問題解決系
ロジックツリー

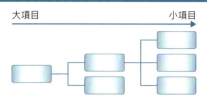

大項目→中項目→小項目と階層的に物事を考えるときに使う。モレやダブリがないようにツリーをつくっていくのがコツ。

問題解決系
As is／To be

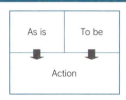

現状の姿(As is)とありたい姿(To be)を明確にして、そのギャップを埋める方策(Action)を考えていく。ビジョンの共有化とアクションプランの策定に役に立つ。

問題解決系
Whyツリー

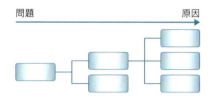

発生した問題(What)の原因(Why)を洗い出すときに使うツリー図。

問題解決系
特性要因図（フィッシュボーンチャート）

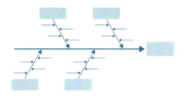

問題の要因を大きな切り口と小さな切り口に分けて、魚の骨のように体系化していく。改善活動に欠かせないツールの1つ。

問題解決系
Howツリー（アクションツリー）

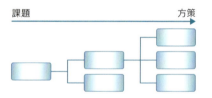

達成すべき課題(What)を具体的な方策(How)に落とし込むときに使うツリー図。

問題解決系
連関図

問題に関わる要素の因果関係を分析して、本質的な原因や着手しやすい要因(レバレッジ)を洗い出す。

問題解決系
フローチャート

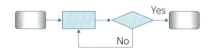

要素を時間の順番に整理するチャート。工程の流れや処理の手順を分析したり、管理したりするのに使う。流れ図とも呼ぶ。

問題解決系
プロセスマッピング

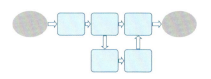

業務の進め方など、問題をプロセス（流れ）で捉えることで、ムダな行程や業務が滞る行程（ボトルネック）を探し出し、効率的なプロセスを考える。

問題解決系
クロスチャート

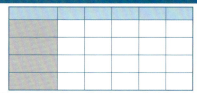

要素を2つの切り口で整理するのに汎用的に使えるチャート。たとえば、タテ軸に課題、ヨコ軸に担当部署を当てて、クロスするところに具体的な方策を書いていく。

問題解決系
PERT（パート）

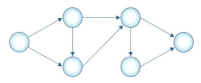

工程管理手法の1つで、各々のタスクをネットワーク図に表すことで、全体像を把握するとともに、時間短縮を図る。Program Evaluation and Review Techniqueの略。

問題解決系
期待／課題マトリクス

	課題 1	2	3	4	5
期待 A					
B					
C					
D					

期待（やりたいこと）に対する課題（それを実現するためにやらなければいけないこと）を列挙して、両者が交わるところに実際のアクションを挙げていく。

問題解決系
集合図（円交差チャート）

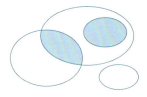

要素同士の包含関係を表すチャート。円の重なり具合で、独立、交差、内包の3つの関係を表現する。

問題解決系
モア／レス

モア	レス

将来のイメージを共有する際に、増えるもの（More）と減るもの（Less）を挙げることで、具体的なイメージをつかみやすくする。

問題解決系
親和図

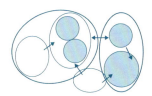

はっきりしない問題に対して、そこに関わる要因同士の親和性をもとにして整理した図をつくり、本質的な問題や解決策の方向性を明らかにしていく。

問題解決系
コントロール可能／不可能

コントロール可能	コントロール不可能

大きな課題に対して、自分たちの努力でどうにかできる内部の話と、環境変化をはじめとする、自分たちではどうにもできない外部の話を切り分けて考える。

アイデア創造系
Idea
▼

アイデア創造系
オズボーンのチェックリスト

ブレーンストーミングの考案者であるオズボーンが、アイデアを広げていくための9つの切り口をまとめたもの。ブレーンストーミングを組み合わせて使うと効果的。

アイデア創造系
マインドマップ

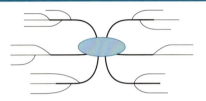

中央に置かれたテーマから放射状にキーワードやイメージをつなげていくことで、自由に発想を広げていくツール。

アイデア創造系
6つの帽子

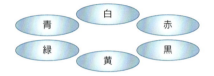

何かのテーマについて大勢で議論するときに、白(情報)、赤(感情)、黒(消極的)、黄(積極的)、緑(創造)、青(戦略)の6つの視点で順番にアイデアを出していく。

アイデア創造系
マンダラ

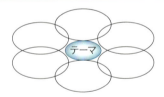

5～6つの切り口に沿って、テーマに関するアイデアや意見をゆるやかに整理するツール。切り口は、その場で自由に設定する。

アイデア創造系
ロール／ルール／ツール

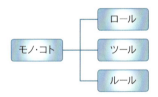

モノやコトのロール(役割)、ルール(規則)、ツール(道具)を明らかにして、少し動かしてみることで新しいアイデアを生み出す。

アイデア創造系
マンダラート

効率的に発想を広げるツール。中央のテーマから発想したアイデアで周囲の8つのマスに埋める。これを繰り返すことで無限にアイデアが引き出せる。

アイデア創造系
要素／機能／属性

ある対象を、要素(部品、構成要素)、機能(効能、便益)、属性(性能、特徴)の3つの視点で見て、改善や発想の飛躍の余地を検討する。

意思決定系
Decision-making

意思決定系
意思決定ツリー（ディシジョン・ツリー）

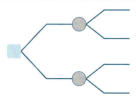

意思決定の連鎖を樹状図で表し、それぞれの分岐点での効果（または損害）と発生確率を推定することで、最適な選択肢を選びやすくする。

意思決定系
プロコン表（Tチャート）

プロ（賛成）	コン（反対）

テーマに対する賛成意見（Pros）と反対意見（Cons）を整理することで意思決定をしやすくするツール。メリット（良い点）／デメリット（悪い点）と読み替えてもよい。

意思決定系
コンフリクトモード

対立時の態度を、自分の考えをどれだけ強く表現するかと、他人の考えをどれだけ理解するかで分類すると、5つのモードに分かれる。

意思決定系
ペイオフマトリクス

打ち手の優先順位を決めるのに、効果が大きい⇔小さい、簡単にできる⇔難しい、の2軸で考える。効果が大きくて簡単にできる施策がもっとも望ましい。

意思決定系
対立図

意見の対立があるときに、双方の言い分とその背景を洗い出し、両者が一致できる統合的な目標を見つけ出す。その上で、目標を達成するための解決策を柔軟に考える。

意思決定系
意思決定マトリクス

	基準1 ×3	基準2 ×2	基準3 ×5	基準4 ×1	基準5 ×1	合計
A						
B						
C						
D						
E						

複数の選択肢から1つを選ぶときに使う。重み（重要度）とともに評価軸を設定し、選択肢を点数づけして、総合点で一番高いものを選ぶ。

意思決定系
タイムマシン法

N年後のありたい姿を考えた後に、それを実現するための中間点での到達目標、四半分点での到達目標を考えて、ビジョンをアクションにつなげる。

227

マネジメント系
Management

マネジメント系
QCD

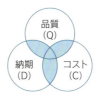

ものづくりでは、品質(Quality)、コスト(Cost)、納期(Delivery)の3つの視点で考えることが大切である。

マネジメント系
マネジメント・ヒエラルキー

組織をマネジメントするには、管理の階層構造をつくる必要がある。組織全体のビジョンから、戦略・戦術・計画を経て、日常業務の管理までが有機的につながっているのが望ましい。

マネジメント系
5W1H

誰が、何を、いつ、どこで、なぜ、どうやってするのか。上司への報告、プレゼン資料作成、実行計画づくりなど幅広く使えるフレームワーク。いくら(How much)や誰に(Whom)を加える場合も。

マネジメント系
価値／成果マトリクス

企業が掲げるミッションやバリューがどれほど体現できているかと、成果をどれだけ出しているかで人材を評価する。成果を出していても、方向性が合っていなければ望ましくない。

マネジメント系
3S／5S

3Sとは、安全で効率的で快適な職場をつくるための、整理、整頓、清掃の活動を指す。これに清潔、躾を足して5Sにする場合も多い。

マネジメント系
PDCAサイクル

業務を継続的に改善するためには、計画(Plan)、実行(Do)、検証(Check)、改善(Action)のステップを循環させていかなければならない。

マネジメント系
3W

What	Who	When

会議などを終える際に、何(What)を、誰が(Who)、いつまでに(When)やるのかを明確にするときに使う。To doリストやアクションプランと呼ぶ場合もある。

マネジメント系
OARR(オール)

会議やワークショップを始めるにあたり共有しておかなければいけない要素。期待成果(Outcome)、討議項目(Agenda)、役割分担(Role)、ルール(Rule)の4つがある。

マネジメント系
ゴールレベル分析

目標設定を考える際に、達成不可能な危険領域、背伸び(ストレッチ)すれば手が届く挑戦領域、楽勝で達成できる安心領域の3つで分類する。

マネジメント系
日の丸分析

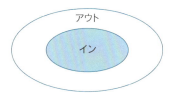

仕事の範囲や組織の役割が混乱しているときに、具体的にどの仕事が該当して、どれが該当しないかを分けていき、イメージを合わせる。

マネジメント系
プラス／デルタ

プラス(+)	デルタ(Δ)

活動後の振り返りをする際に、良かった点(プラス)ともう少し頑張ってほしい点(デルタ)を列挙していく。

マネジメント系
KPT(ケプト)

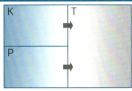

プロジェクトのような継続して行う活動を振り返る際に、継続すべき良かった点(Keep)、改善すべき問題点(Problem)、新たにチャレンジすべき点(Try)の3つの視点で考える。

マネジメント系
緊急度／重要度マトリクス

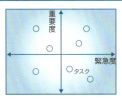

自分たちの仕事を重要度と緊急度で分析をして、人材育成や業務システムの改善のような、重要度が高くて緊急度が低い仕事を増やすことを考える。

マネジメント系
できること／やってほしいこと

できること	やってほしいこと

部門にまたがる課題に対して、自部門でできることと他部門にやってほしいことを区分けしてアイデアを出していく。

マネジメント系
Wants／Commitment

Wants	Commitment

1人ひとりが、やりたいことや期待していること(Wants)とチームに貢献できること(Commitment)を明らかにすることで、チームの一体感を高める。

229

業務改善系
Business Improvement

業務改善系
3現主義

問題が発生した現場に足を運び、現物をこの目で確認し、何が本当に起こったのか、現実を正しくつかまないと、問題の本質は見つからない。

業務改善系
問題発見の4P

問題を発見するには、目的軸（Purpose）を捉え直す、立場軸（Position）を明らかにする、空間軸（Perspective）を考える、時間軸（Period）を明らかにする、の4つの視点が大切である。

業務改善系
改善の4原則（ECRS）

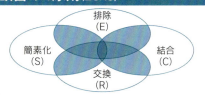

業務を改善するときに大切な4つの視点をまとめたもの。排除できないか（Eliminate）、結合できないか（Combine）、交換できないか（Rearrange）、簡素化できないか（Simplify）。

業務改善系
ムリ／ムダ／ムラ

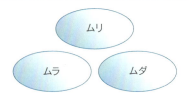

仕事の生産性を上げるためには、ムリ（過負荷）、ムダ（非効率）、ムラ（不安定）をなくさなくてはいけない。2文字目を並べて「ダ・ラ・リをなくす」とも呼ぶ。

業務改善系
バリューイノベーション（ERRC）

コストを下げると同時に顧客への価値を高めるために、取り除く（Eliminate）、減らす（Reduce）、増やす（Raise）、創造する（Create）の4つの視点で考える。

業務改善系
権限の円

施策の実現性を考える際に、自分たちの権限で実行できる、権限のある人に影響を与えることができる、まったく手が出せない、の3つに仕分けをする。

業務改善系
VE

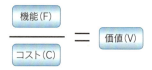

コスト（Cost）に対する機能（Function）を高めることで、顧客の価値（Value）を最大にしていくという、バリュー・エンジニアリングの基本的な考え方。

組織開発系
Organizational Development

組織開発系
組織活性化の3要素

組織を活性化するには、人の気持ちや考え方を変えること、仕組みやシステムを整備すること、組織の風土や文化を変えること、の3つの取り組みが必要である。

組織開発系
カッツモデル

メンバーの能力を、知識・情報面（Knowledge）、技術・技能面（Skill）、態度・行動面（Motivation）の3つで考える。3つを兼ね備えているのが、理想的な人材となる。

組織開発系
3つのスキル

メンバーのスキルを、論理的思考力などの概念化能力（Conceptual skill）、コミュニケーション力などの対人関係能力（Human skill）、専門的な技術的能力（Technical skill）の3つで考える。

組織開発系
Will-Skillマトリクス

人材育成を考えるにあたり、やる気の多寡と能力の多寡でやり方を変える。たとえば、どちらも高い人は本人に委ね、どちらも低い人には命令して強制的にやらせる。

組織開発系
欲求階層説

人間の欲求には5つの階層があり、低次の欲求が満たされると高次の欲求へと段階的に移行していく。自己実現の欲求のさらに上に自己超越の欲求があるともいわれる。

組織開発系
モチベーションの2要因理論

これが満たされるとやる気が出るという「動機付け要因」と、これが満たされないとやる気が出ないという「衛生要因」がある。モチベーション理論の1つの考え方。

組織開発系
ジョハリの窓

	＋ 自分 −	
＋ 他者	開かれた窓	気づかない窓
−	隠された窓	未知の窓

自分が知っている／知らない、他者が知っている／知らないで分けると、人間には4つの窓がある。自己開示と他者からのフィードバックを繰り返すと、開かれた窓が大きくなっていく。

231

組織開発系
ソーシャルスタイル理論

感情の表出が強いか弱いか、自己主張が強いか弱いかで、4つにタイプ分けする。タイプによって、行動パターンがある程度予想できるため、関わり方の作戦を立てることができる。

組織開発系
エゴグラム

交流分析（ＴＡ）では、自我の状態を、批判的な親（ＣＰ）、保護的な親（ＮＰ）、合理的な大人（Ａ）、従順な子ども（ＡＣ）、自由な子ども（ＦＣ）の5つのタイプに分けて考える。

組織開発系
MBTI

4つの切り口で普段の心理や行動を分析し、自分に対する認識を深めていく。Myers-Briggs Type Indicatorの略で、キャリアデザインや組織開発など幅広い場面で活用されている。

組織開発系
GROWモデル

目標の明確化（Goal）、現状の把握（Reality）、資源の発見（Resource）、選択肢の創造（Options）、意思の確認（Will）の5つのステップでコーチングを行う。

組織開発系
経験学習モデル

具体的な経験をした後で、そのプロセスを内省的に見つめ直し、そこから得られたものを抽象的な概念に昇華させ、次の機会に積極的に実践していく。経験を学習に結びつける基本サイクル。

組織開発系
SECIモデル

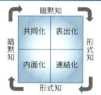

知識創造企業では、個人や組織の間で、暗黙知と形式知が相互に絶え間なく変換して移転されることによって、新たな知識が創造されていく。

組織開発系
Will／Can／Must

やりたいこと（Will）、できること（Can）、やらなければいけないこと（Must）の組み合わせで、自分たちの将来の方向性を見出していく。

組織開発系
PM理論

リーダーシップを課題達成（Performance）機能と組織維持（Maintenance）機能に分けて考えると理解しやすい。両方が強いＰＭ型が理想的なリーダーシップとされる。

組織開発系
SL理論

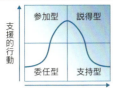

部下の意欲と業務の習熟度に合わせてリーダーシップのスタイルを変化させていくという考え方。状況適合リーダーシップ（Situational Leadership）理論と呼ぶ。

組織開発系
タックマンモデル

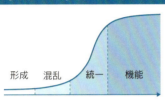

チームがチームとして機能するまでの過程。形成期（Forming）、混乱期（Storming）、統一期（Norming）を経て、ようやく機能期（Performing）となる。

組織開発系
Want／Shouldマトリクス

仕事に対する上司の気持ちと自分の気持ちを、Want（やりたい）とShould（やらなければいけない）で区分けをして、どの領域が多いか、自分の仕事を棚卸してみる。

組織開発系
フォースフィールド

問題解決を後押しする要因（推進力）と阻害する要因（抑止力）を挙げて、それぞれの力のバランスを分析する。さらに、推進力を高めて、抑止力を弱めることができないかを検討する。

組織開発系
システム図

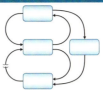

問題をシステムとして捉え、要素同士の因果関係をループ（循環）図として表し、構造の分析や変革を考える。システム・シンキングはシステム図がベースにある。

組織開発系
企業変革の3要素

企業変革を成功させるために、戦略の改革（リストラクチャリング）、業務プロセスの改革（リエンジニアリング）、組織風土の改革（リマインディング）の3つの視点で考える。

組織開発系
変革の8段階

変革リーダーシップの理論によれば、変革は8つの段階によって行うことができるとされる。各ステップには陥りやすい落とし穴があるので注意が必要。

組織開発系
ステークホルダー分析

組織改革を推進する際に、改革に賛成／反対か、組織への影響力の大小で利害関係者（ステークホルダー）を分類して、タイプに応じて対処法を考える。

233

コミュニケーション系
Communication

コミュニケーション系
ARCS(アークス)

学習に対するやる気を高めるには、注意(Attention)、関連性(Relevance)、自信(Confidence)、満足感(Satisfaction)の4つの側面がある。

コミュニケーション系
PREP(プレップ)

ロジカルなプレゼンテーションの方法。要点(Point)、理由(Reason)、事例(Example)、まとめ(Point)の順番で話をする。

コミュニケーション系
コンテンツ／コンテクスト

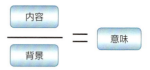

主張(メッセージ)の意味(ミーニング)は、発言の内容(コンテンツ)と、発言者の立場や前提といった背景・文脈(コンテクスト)によって決まるという、コミュニケーションの基本的な考え方。

コミュニケーション系
アサーション(DESC法)

相手を攻撃せずに自己主張するには、事実を描写(Describe)、気持ちを説明(Explain)、解決策を提案(Specify)、選択の結果(Chose)の順に話をするとよい。

コミュニケーション系
自己開示サイクル

相手の心のうちを開かせるには、事実・経験、知覚・感情、思考・考察、価値・信条、決意・行動の順番で尋ねていくとやりやすい。

コミュニケーション系
FABE(ファーベ)

説得力のあるプレゼンテーションを行うには、特徴(Feature)、利点(Advantage)、利益(Benefit)、証拠(Evidence)の順番に話をするとよい。

コミュニケーション系
PRAM(交渉管理モデル)

相手とWin-Winで交渉を進めるには、計画(Planning)、関係づくり(Relation)、合意形成(Agreement)、関係維持(Maintenance)の4つのステップが欠かせない。

234

定量分析系
Quantitative Analysis

定量分析系
帯グラフ（面グラフ）

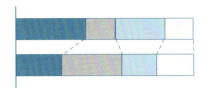

比率に応じて帯状の長方形を分割したグラフ。構成要素の割合（比率）やその変化を見るのに使う。

定量分析系
棒グラフ

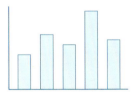

棒の長さで数量の大きさを表すグラフ。量や大きさを比較するのに使う。

定量分析系
ヒストグラム

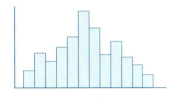

各々の階級の度数（データ数）を棒の高さで表したグラフ。度数分布を見るのに使う。

定量分析系
折れ線グラフ

プロットされた数量を直線で結んだグラフ。時間の経過に伴う数量の変化を見るのに適している。

定量分析系
散布図（相関図）

タテ軸・ヨコ軸に2つの変数をとり、データをプロットしたグラフ。変数間の相関関係を見たり、相関から逸脱した例外データを発見したりするのに使う。

定量分析系
円グラフ

比率に応じて円（または半円）を扇形に分割したグラフ。構成要素の割合（比率）を見るのに使う。

定量分析系
レーダーチャート（クモの巣チャート）

放射線状に伸びた軸上の数値を折れ線で結んだグラフ。複数の項目のバランスを比較するのに使う。

定量分析系
バブルチャート

2軸の座標軸の上に、値の大きさに応じた円(バブル)をマッピングしたグラフ。分布や位置づけを見るのに使う。

定量分析系
面積グラフ

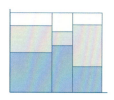

数量の割合を面積の大きさで表したグラフ。構成要素の割合や配分を見るのに使う。

定量分析系
ウォーターフォールチャート(ビルドアップチャート)

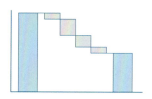

2つの数値間のギャップの要因を、大きさに応じた長方形で表すグラフ。差異分析に使う。

定量分析系
流れ分析(フローアウトアナリシス)

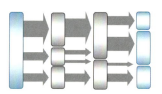

物や情報の流れを、その大きさに応じた矢印で表すことで、流れ全体の様子を分析する。

定量分析系
パレート分析(ABC分析)

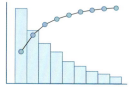

量の大きい順に構成要素を並べた棒グラフと、それらの累積量を表す折れ線グラフを組み合わせたもの。上位の要素が全体にどのくらい貢献しているかを調べる。

定量分析系
リスク分析

	影響	確率	リスク
ケースA			
ケースB			
ケースC			

予想される結果(影響)とその発生確率を掛け合わせることで、リスクや期待値の大きさを見積もる。

定量分析系
感度分析(スパイダーチャート)

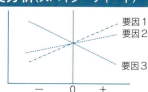

ある要因に変化が起こったときに、それが結果にどのように影響を及ぼすかを分析する。スパイダーチャートやトルネードチャートで表現すると分かりやすい。

定量分析系
管理図

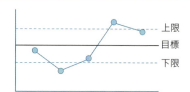

目標値を中心に管理指標の時系列の変化を記録して安定性を調べる。上限と下限を超えたものは異常値として原因を探る。

●フレームワーク集　参考文献

これらのフレームワークの大半は、経営学者や経営コンサルタントが、ビジネスを考える上での枠組みとして開発や提唱をしてきたものであり、開発された方々の知恵と努力に深く敬意を表します。詳細については参考文献リストを参照してください。

- ❏ 堀公俊『ビジュアル　ビジネス・フレームワーク』(日本経済新聞出版)
- ❏ 堀公俊『ビジュアル　アイデア発想フレームワーク』(日本経済新聞出版)
- ❏ 堀公俊、加藤彰『ファシリテーション・グラフィック』(日本経済新聞出版)
- ❏ 堀公俊『組織変革ファシリテーター』(東洋経済新報社)
- ❏ 齋藤嘉則『問題解決プロフェッショナル「思考と技術」』(ダイヤモンド社)
- ❏ 齋藤嘉則『問題発見プロフェッショナル「構想力と分析力」』(ダイヤモンド社)
- ❏ 野口吉昭編、HRインスティテュート著『ロジカルシンキングのノウハウ・ドゥハウ』(PHP研究所)
- ❏ 野口吉昭編、HRインスティテュート著『課題解決の技術』(PHP研究所)
- ❏ 加藤昌治『考具』(CCCメディアハウス)
- ❏ 森時彦、ファシリテーターの道具研究会『ファシリテーターの道具箱』(ダイヤモンド社)
- ❏ 永田豊志『知的生産力が劇的に高まる最強フレームワーク100』(ソフトバンククリエイティブ)
- ❏ フラン・リース『ファシリテーター型リーダーの時代』(プレジデント社)
- ❏ 石川忠幸、小野隆一『戦略リーダーシップ』(東洋経済新報社)
- ❏ 松岡正剛監修、ISIS編集学校プランニング・メソッド研究会著『プランニング編集術』(東洋経済新報社)
- ❏ マーヴィン・ワイスボード、サンドラ・ジャノフ『フューチャーサーチ』(ヒューマンバリュー)
- ❏ 高橋誠『問題解決手法の知識』(日経文庫、日本経済新聞出版)
- ❏ 後 正武『意思決定のための「分析の技術」』(ダイヤモンド社)
- ❏ 知的思考の技術研究プロジェクト編著『知的思考の技術』(産業能率大学出版部)
- ❏ デーブ・ウルリヒ、スティーブ・カー、ロン・アシュケナス『GE式ワークアウト』(日経BP)
- ❏ 浅海義治、伊藤雅春『参加のデザイン道具箱 Part-3』(世田谷まちづくりセンター)
- ❏ トニー・ブザン、バリー・ブザン『ザ・マインドマップ』(ダイヤモンド社)
- ❏ 手塚貞治『戦略フレームワークの思考法』(日本実業出版社)
- ❏ 塚原美樹『マインドマップ戦略入門』(ダイヤモンド社)
- ❏ 勝間和代『勝間和代のビジネス頭を創る7つのフレームワーク力』(ディスカヴァー・トゥエンティワン)
- ❏ 野中郁次郎、竹内弘高『知識創造企業』(東洋経済新報社)
- ❏ 中野民夫『ファシリテーション革命』(岩波書店)
- ❏ ジョン・P・コッター『企業変革力』(日経BP)
- ❏ 本間正人・松瀬理保『コーチング入門』(日本経済新聞出版)
- ❏ ピープルフォーカス・コンサルティング『組織開発ハンドブック』(東洋経済新報社)
- ❏ ケン・ブランチャード他『リーダーシップ行動の源泉』(ダイヤモンド社)

ブックガイド

<序章、終章>
●グロービス経営大学院『改訂３版　グロービスMBAクリティカル・シンキング』ダイヤモンド社
論理的に考えるための基本やツールを、地道にしっかり習得するには欠かせない１冊です。演習問題も豊富にあり、常に手元に置いておきたい定番本。

●齋藤嘉則『新版　問題解決プロフェッショナル』ダイヤモンド社
問題解決に不可欠な思考技術やプロセスを解説したロングセラーです。構想・分析の技術を扱った姉妹編の『問題発見プロフェッショナル』とあわせて読むことをお勧めします。

<第１章>
●志田唯史、轡田隆史監修『読むだけですぐに身につく！「聞く力」の育て方』(静山社文庫)静山社
発言者の意図をなるべく正確に理解して要約するには、傾聴する力を基盤として培っておくのが大切です。傾聴に関する本は数多くあり、その中からビジネス向けの１冊を。

●飯田泰之『新版　ダメな議論』(ちくま文庫)筑摩書房
相手を煙に巻く、有害な議論・発言にはどのようなものがあるかを前半で丁寧に説明しています。「あれ、この発言はおかしい！」と気づくアンテナを磨くのに有用です。

●本間正人、浮島由美子『自分の考えがうまく伝わる「要約」の技術』(中経の文庫)KADOKAWA中経出版
多くのケーススタディを元に、効果的に要約する方法や、要約力を高めるためのヒントを紹介。日常生活の中でやれるユニークなトレーニング方法も参考になります。

<第２章>
●船川淳志『ロジカルリスニング』ダイヤモンド社
ファシリテーターに欠かせない、相手の話を聞きながら論理的に詰めていく技術を扱ったユニークな１冊。詭弁への対処法をはじめ、現場で使える実際的なテクニックが満載。

●谷岡一郎『「社会調査」のウソ』(文春新書)文藝春秋
本書では詳述しなかった因果関係の落とし穴をしっかり学習するのに適しています。世の中にどれだけ怪しい記事・情報が氾濫しているかも実感できるでしょう。

●吉岡友治『反論が苦手な人の議論トレーニング』(ちくま新書)筑摩書房
議論が間違った方向に進んでいるときに、空気を壊さずに有効な反論をするための３つの技法を解説しています。これを読んでツッコミ上手になりましょう。

●道田泰司、宮元博章、秋月りす『クリティカル進化論』北大路書房
主張と根拠の妥当性をチェックするポイントが満載されていますが、4コマ漫画も使っ
て2ページ読みきりで書かれており、楽しんで読める本になっています。

<第3章>
●渡辺パコ、音羽真東、大川恒『はじめてのロジカル問題解決』かんき出版
実際の問題解決の局面で、分解／ロジックツリーをどう使っていくかについて、やさし
く丁寧に、しかもツボを押さえて、解説しています。

●照屋華子、岡田恵子『ロジカル・シンキング』東洋経済新報社
ロジックツリー、ピラミッドストラクチャー、MECEなど、ロジカルシンキングを使っ
て問題解決する技術を網羅的に解説した定番の1冊です。

<第4章>
●阿部修士『意思決定の心理学』(講談社選書メチエ)講談社
意思決定のメカニズムと影響を与える要因を、具体的な事例を元に幅広く紹介していま
す。脳と心の癖や傾向を知っておくことで、よりよい意思決定が可能になります。

●細谷 功『メタ思考トレーニング』(PHPビジネス新書)PHP研究所
議論を統合するために欠かせないのが、物事を1つ上の視点から考える「メタ思考」。多
数の演習問題を解きながら、現場で実践するための2つの思考法を鍛えていきます。

●堀 公俊、加藤 彰『ディシジョン・メイキング』日本経済新聞出版
グループで納得感高く決めごとをしたり、対立状態を解消して合意にたどり着くために
ファシリテーターがすべきことを総合的に解説。「意見がまとまらない」と嘆く人は必読。

<第5章>
●堀 公俊『ビジュアル ビジネス・フレームワーク 第2版』(日経文庫)日本経済新聞出
版
ファシリテーション・グラフィックに役立つ200種類のフレームワークをコンパクトに
図解で解説したハンドブック。常に手元に置いておきたい1冊です。

●永田豊志『頭がよくなる「図解思考」の技術』KADOKAWA／中経出版
インプットした情報を、瞬時に図解で整理し、メモとしてアウトプットするスキルを、
体系的に解説しています。本格的に図解を極めたい方にお勧め。

239

あとがき

　本書をお読みになって、ロジカル・ディスカッションの大切さや、それを促進するためのファシリテーターの働きかけについて、おおよそのところは理解していただけたと思います。

　お伝えしたさまざまなテクニックは、ビジネスでの会議はもちろんのこと、家庭、友人、地域、サークルなどあらゆる話し合いの現場で使え、どこでも練習ができるはずです。その積み重ね以外に上達はありません。

　それと同時に、空気やパワーゲームによる支配から脱し、多少なりとも道理が通る民主的な組織をつくるのに活かしてほしいと思います。

　冒頭で述べたように、日本の会議は同調圧力や属人的な要素が力を持ち、合理的に考えて当たり前のことがなかなか通りません。そんな状況をわずかでも改善するために本書を役立ててほしいのです。

　世の中でロジカル・ディスカッションが一番徹底されている場はどこかご存じでしょうか。裁判をはじめとする司法の現場だと思います。裁判で合理的でない判断をしてしまうと、人権侵害を引き起こすのみならず、司法への信頼を失い機能しなくなってしまうからです。公平性と公共性を担保するためには、ロジカル・ディスカッションが欠かせないのです。

　逆に、ロジカル・ディスカッションがなかなか浸透しないのが政治の分野です。TV中継されている各種委員会での与野党の論戦を見ても、論点をずらしてはぐらかしたり、言葉があいまいであったり……。本書でロジカルではない議論の例として挙げたパターンのオンパレードで、意図的にやっているだけに始末に負えません。

　ましてや、国際政治の最前線では、同じテーブルにつくこともままならず、ディスカッションそのものが成り立たないことも珍しくありません。そのせいもあり、地球規模の課題が山積し、他国への侵攻や戦争など合理的に考えてありえない選択肢が、紛争解決の手段として当たり前のように使われています。グローバル化が進んだ今世紀になっても。

暴力や権力といった「力による解決」ではなく、話し合いを通じて「言葉による解決」を目指すのが民主主義のはずです。言葉を大切にすることが民主主義の出発点であり、言葉をおろそかにしたりあいまいにしたりしたのでは民主主義は成り立ちません。

　ロジカル・ディスカッションは真の民主主義を実現するための基盤となる大切な方法論です。そのことを常に頭の片隅に置き、少しでもよりよい社会をつくるために、１人でも多くの人に精進と実践をしてほしい。心からそう願って筆をおきたいと思います。

　この本は多くの方のご協力の賜物であり、本書を締めくくるにあたり、一言御礼の言葉を申し上げておきたいと思います。

　ロジカルシンキングやフレームワークに関しては、数多くの文献に当たり、先人の知恵を拝借しました。１人ひとりお名前を挙げることができませんが、この場を借りて、厚く御礼申し上げます。

　論理思考のファシリテーションへの活用研究においては、日本ファシリテーション協会の定例会や勉強会の場で多くの発見をいただきました。ご参加くださった皆さんにお礼を申し上げたいと存じます。

　また、図版作成にご助力くださった岡田純子さん、関徹さん、村上和隆さん、中冨正好さん、西修さんに感謝の意を表します。

　また、初版編集担当の日本経済新聞社の堀江憲一さん、新版編集担当の日経BPの白石賢さんと栗野俊太郎さん、初版の共同執筆者である加藤彰さんにも深く感謝いたします。

　最後に、いつも執筆を陰で支え、時には裏方の仕事まで手伝ってくれた家族に深く感謝します。どうもありがとう！

〈写真提供〉加藤彰、瀬部俊司、空井郁男、鈴木まり子、斉藤望

241

索引

英数

12の基本動作	20
3C	187
3M	191
3W	191
4C	188
4P	187
5W1H	191
5つの役割	20
5フォース	187
ECRS	192
FABE	193
KPT	191
MBTI	193
MECE	121
PDCAサイクル	190
PM理論	193
PPM	187
PREP	163,193
So what?	74,154
SWOT	186
Why?	73
Will-Skillマトリクス	192

あ

あいまい言葉	44
アクティブリスニング	62
アジェンダ	25
意思決定マトリクス	153,190
イシュー	16
一律病	112
イノベーター理論	188
因果	76,89,182
演繹法	82
オープンクエスチョン	48
オズボーンのチェックリスト	189

か

階層構造	120
概念を表す言葉	45
隠れた前提	84
隠れた本質	156
加減乗除	189
過去未来型	26
体のメッセージ	104
環境適合型	26

観察力	63
簡素	192
起承転結型	26
議題	25
帰納法	86
詭弁	106
休憩時間	169
共感	216
共変	89
切り口	93,178
切り分け	49
議論	14,33
グラウンドルール	57
クローズドクエスチョン	48
結論	16
限定合理性	214
交換	192
交差	183
構図	178
ゴールの設定	24
根拠	16
コンセンサスゲーム	167
コンテクスト	61
コンテンツ	61
コンテンツ／プロセス	193

さ

サークル型	183
時系列で考える	182
視点	19,93
絞り込み	150
主張	16
主張／背景／意味	193
上位概念	122,154
新QC7つ道具	189
心理戦	216
推論	16,83
積極的傾聴	62
前提	60
総括	170
相関関係	89
ソーシャルスタイル理論	193

た

体験学習型	26
第三因子	89
対比	49

242

縦の論理	18	マンダラート	189
ダブルメッセージ	63	マンダラ型	143
チェンジ・オブ・ペース	170	ミーニング	61
知識／技能／態度	192	見える化	23
ツリー型	180	ムダ	191
ディスカッション	14	ムラ	192
問い	17	ムリ	191
統合	148,192	メッセージ	16
特性要因図	188	目標探索型	26
独立	183	問題解決型	26
トップダウン	116	問題児	65
飛びつき病	112		

な

ナンバリング	163

や

優先順位	150
要素／機能／属性	189
要約	30,64
横の論理	19

は

排除	192
発散収束型	26
発想企画型	26
バリューチェーン	187
非言語メッセージ	63
ビジネスフレームワーク	186
人／仕組み／風土	192
表	181
ファシリテーション・グラフィック	22
ファシリテーションの道具箱	179
フィッシュボーンチャート	188
付箋	128
ブレイク	169
フレームワーク	19,140
フロー型	182
プロコン表	151,190
プロダクトライフサイクル	188
分解	116
文脈	60
分類	116
ペイオフマトリクス	190
包含	183
報連相	191
ポジショニングマップ	188
ボトムアップ	116

ら

レビュー	170
ロジカル・ディスカッション	14
ロジック	14
ロジックツリー	120,188
論点	24,32
論理	14,16
論理／感情	193
論理戦	216
論理の飛躍	18,82

わ

枠組み	29,175
分ける	113

ま

マインドマップ	189
マジックナンバー7	114
マトリクス型	181

243

著者紹介

堀 公俊(ほり・きみとし)

神戸生まれ。大阪大学大学院工学研究科修了。大手精密機器メーカーにて商品開発や経営企画に従事するかたわら、ビジネス、ソーシャル、教育など多彩な分野でファシリテーション活動を展開。2003年に有志とともに日本ファシリテーション協会を設立し、初代会長に就任。執筆や講演活動を通じて、ファシリテーションをはじめとするビジネススキルの普及・啓発に努めている。
現在：堀公俊事務所代表、組織コンサルタント、日本ファシリテーション協会フェロー、大阪大学客員教授(テクノロジー・デザイン論)
著書：『ファシリテーション入門 第2版』『ビジネススキル図鑑』(以上、日本経済新聞出版)、『問題解決ファシリテーター』(東洋経済新報社)など多数。
連絡先：fzw02642@nifty.ne.jp

日本ファシリテーション協会

ファシリテーションの普及・啓発を目的とした特定非営利活動(NPO)法人。ビギナーからプロフェッショナルまで、ビジネス・まちづくり・教育・環境・医療・福祉など、多彩な分野で活躍するファシリテーターが集まり、多様な人々が協調し合う自律分散型社会の発展を願い、幅広い活動を展開している。
<Web> http://www.faj.or.jp/

[新版]
ロジカル・ディスカッション
チーム思考の整理術

2009年12月4日　1版1刷
2024年9月11日　2版1刷

著者　　　堀 公俊
　　　　　　　©Kimitoshi Hori, 2024

発行者　　中川ヒロミ

発行　　　株式会社日経BP
　　　　　　　日本経済新聞出版

発売　　　株式会社日経BPマーケティング
　　　　　　　〒105-8308　東京都港区虎ノ門4-3-12

印刷・製本　大日本印刷株式会社

ISBN978-4-296-12099-4

本書の無断複写・複製(コピー等)は著作権法上の例外を除き、禁じられています。
購入者以外の第三者による電子データ化および電子書籍化は、
私的使用を含め一切認められておりません。
本書籍に関するお問い合わせ、ご連絡は下記にて承ります。
https://nkbp.jp/booksQA
Printed in Japan

01 Facilitation Graphics

Kimitoshi Hori / Akira Kato

議論を描けば、会議が変わる！

ミーティングやワークショップを効果的に進行する必須スキルをオールカラーの豊富なビジュアルを用いて解説した最新の入門書。

ファシリテーション・グラフィックはこんな場面で活用できる！

- 定例の話し合いの場で
- チームの意思決定と問題解決の場で
- 自由奔放にアイデアを出し合う場で
- 自由に意見を述べ合うワークショップで
- 思いや問題意識をすりあわせる場で
- 意思統一が必要な場で
- 進め方のレベル合わせの場で

ファシリテーション・グラフィック［新版］
議論を「見える化」する技法

堀 公俊・加藤 彰 [著]

ISBN978-4-296-11604-1
定価（本体2200円＋税）

02
Workshop Design

Kimitoshi Hori / Akira Kato

ワークショップ・デザイン——新版

知をつむぐ対話の場づくり

堀 公俊・加藤 彰［著］

ワクワクするからこそ成果が生まれる！

メンバーの主体性と相互作用を、より効果的に育むプログラム作りの手順とポイントを体系的に解説。20種類の実践プランも紹介。

本書で紹介するプログラム

- 課題を発見するワークショップ
- 業務を改善するワークショップ
- 新ビジネスを構想するワークショップ
- チームの力を高めるワークショップ
- 部門のビジョンを定めるワークショップ
- リーダーシップを開発するワークショップ
- 職場の問題を語り合うワークショップ
- M&A後のチーム・ビルディング

ISBN978-4-296-11874-8
定価（本体2200円+税）

本書で紹介する実践例

- 小ミーティングを開催する
- 合宿ワークショップを開催する
- 参加型研修を実施する
- 新しいプロジェクトを立ち上げる
- 課や係など小チームを活性化する
- 大人数のイベントを開催する
- 元気な異業種交流会を続ける

03
Team Building

Kimitoshi Hori

チーム・ビルディング[新版]

人と人を「つなぐ」技法

堀 公俊 [著]

みんなの力をとことん引き出す！

すべてのメンバーが主体的に関わり合い、活発に協働しながら成長していくチームをつくる具体的ノウハウを満載した、リーダーのための実践テキスト。

ISBN978-4-296-11951-6
定価（本体2300円+税）